생각의 틀

생각의 틀

초판 1쇄 발행 2018년 11월 29일

지은이 박현진
펴낸이 장길수
펴낸곳 지식과감성#
출판등록 제2012-000081호

디자인 안영인
편집 이현, 안영인, 최지희, 조혜수, 장홍은
교정 정혜나
마케팅 고은빛

주소 서울시 금천구 벚꽃로 298 대륭포스트타워 6차 1212호
전화 070-4651-3730~4
팩스 070-4325-7006
이메일 ksbookup@naver.com
홈페이지 www.knsbookup.com

ISBN 979-11-6275-382-8(03810)
값 12,000원

ⓒ 박현진 2018 Printed in Korea

잘못된 책은 구입하신 곳에서 바꾸어 드립니다.
이 책의 전부 또는 일부 내용을 재사용하려면 사전에 저작권자와 펴낸곳의 동의를 받아야 합니다.

이 도서의 국립중앙도서관 출판예정도서목록(CIP)은 서지정보유통지원시스템
홈페이지(http://seoji.nl.go.kr)와 국가자료공동목록시스템(http://www.nl.go.kr/kolisnet)에서
이용하실 수 있습니다. (CIP제어번호 : CIP2018037854)

홈페이지 바로가기

생각의 틀

박현진 지음

머리말

생각하고
생각하고
또 생각한다.

　이 책에 인생을 획기적으로 바꾸는 방법, 긍정적인 마음을 갖게 하는 메시지, 성공을 위한 동기부여 등에 대한 내용은 없다. 단, 이전에 겪었던 혹은 지금도 겪고 있는 문제가 생각의 틀로 인한 것일 수 있으며, 생각의 틀을 조정하고 조절하는 것으로 문제를 해결할 수 있는 것은 아닌지에 대한 내용이다.

　예전과는 다르게 인간관계에서 스트레스를 받거나 잘 해결되지 않을 때, 자신이 하고자 하는 일이 잘 풀리지 않을 때, 새로운 계획을 세우는 것에 두려움을 느끼거나 무엇을 해야 할지 모를 때, 이전과 다르게 생각하는 자신을 만들고 싶다면 본인이 가진 생각의 틀을 들여다보아야 한다. 내가 생각해 온 것이 맞는 것인지, 내가 생각해 온 방식이 맞는 것인지, 내가 추구하고자 하는 것이 맞는 것인지 말이다. 예전에 a라고 생각해서 a처럼 행동하였으니 이번에도 그때처럼 생각하고 행동하는 것이 맞는 것인지. 이번에는 b로 생각해 볼 여지가 있는 것인지 말이다.

　생각의 베이스가 되는 관점·감정·감성·환경 등 다양한 요소들은 개인마다 모두 다르므로 무엇이 옳고 그른지, 좋고 나쁜지, 높고 낮은지, 넓고 좁은지, 고급인지 저급인지를 판단하거나 평가할 수 없다. 그렇다면 각자가 생각하는 방식, 즉 자신의 생각의 틀이 나 자신에게 좋은 영향을 주는지 나쁜 영향을 주는지 생각해 볼 필요가 있다.

생각에 '틀이 있다'는 것을 들어본 적이 있을 것이다. 선택의 순간에는 이전에 있었던 비슷한 상황이나 경험을 통해 만들어진 '틀' 안에서 비슷한 판단을 하고 적절한 결정을 할 것이다. 그 결정은 지식과 지혜로만 정해지는 것이 아니라 가치관, 시대적 분위기, 지위, 상황, 시간, 장소, 상대방 등 여러 가지 요소가 결합하여 다양한 결정으로 나타난다.

여러 요소와 결합하여 나타나는 결정을 이전과는 다르다고 '일관성' 없는 결정이라며 자책할 것인가, '변화된' 결정임을 인지하고 인정할 것인가. 그런 결정을 내린 상대방을 비난할 것인가, 존중할 것인가. 그것은 생각의 틀이 존재하고, 그것이 끊임없이 발전하거나 변화한다는 것을 인지하고 있다면 쉽게 이해할 수 있다.

다양한 경험들과 이야기, 인간관계를 통해 찰나의 순간 깨달음을 느껴 보았던 경험이 있을 것이다. 생각해 보지 못한 것이 아니라 일부러 안 해 왔던 것도 다른 관점에서 바라보고 이해할 수 있게 되는 시간이 되길 바란다. 모든 책이 그러하듯 이 책도 읽는 시기나 주변 상황 등의 사소한 변화로 인해 같은 내용을 보아도 받아들이는 것이 다를 것이다.

이 책을 보며 '나만의 생각'을 고집한 것이 문제가 될 수 있음을 느꼈으면 한다. 그 고집을 조금만 다르게 생각하면 스스로가 받는 스트레스를 줄일 수도 있고, 상처를 덜 받는 길이 될 수 있기 때문이다. '나'에 대해 주변에서 보고 겪을 수 있는 흔한 일들을 통해 한 번 더 생각해 볼 기회를 얻길 바란다.

나는 심리학을 연구하는 사람도, 사람들에게 꿈과 희망을 주기 위해 비전을 제시하는 사람도 아니다. 그렇기에 이 책에서 이야기하고자 하는 내용이 비전문적이고, 누군가가 먼저 연구하여 발표해 놓은 이론일 수 있다는 것을 먼저 인정하며 시작하고자 한다. 혹여 전공자나 관련업에 종사하고 있는 사람이라면 이 내용은 새롭거나 창의적인 것이 아니라고 느낄 것이다.

다만 일반인으로서 비슷한 고민을 하는 사람들과 비슷한 상황에서 조금만 생각을 바꾸는 일에 대해 고민했다. 큰 진리와 이론이 아닌 현실적인 이야기들을 통해 쉽게 이해하여 조금이나마 다르게 생각할 기회를 가질 수 있길 바라며 글을 쓰기 시작했다.

또 책의 한 주제, 적게는 한 문장을 보고 자신에 대해 생각할 수 있는 시간을 갖는다면, 감정을 앞세우던 모습을 줄일 수 있다면, 이성적으로 혹은 인위적으로 인지하여 판단할 수 있게 되는 삶의 작은 변화를 겪게 된다면 그것으로 만족한다.

2018년 9월
박현진

머리말

목차

머리말　　　　　　　　　　　　　4

1장 • 정의　　　　　　　　　　　11
2장 • 가치관　　　　　　　　　　33
3장 • 감정　　　　　　　　　　　57
4장 • 환경과 상황　　　　　　　　81
5장 • 관점　　　　　　　　　　　107
6장 • 경험　　　　　　　　　　　139

맺음말　　　　　　　　　　　　　161

1장

정의

❶ [생각의 틀] 깨야 하는 존재일까?
❷ [생각의 틀] 생성과 변화
❸ [생각의 틀] 형상
❹ [생각의 틀] 무엇부터 받아들일까?
❺ [생각의 틀] 비중

1
[생각의 틀] 깨야 하는 존재일까?

생각의 틀이란 말을 들어본 적이 있을 것이다. 새로운 삶을 위한 자기계발서나 유명한 강사들의 강연에서도 심심찮게 쓰이는 말이다. 요즘은 '프레임(Frame)'이란 용어로 많은 학자들이 정의를 내리고 있다.

'기존 생각에서 벗어나야 새로운 것을 만들 수 있다'라는 뜻으로, 고정관념이나 편견 등에서 벗어나 생각하지 못했던 방향으로 생각해야 함을 강조하고자 사용되었다. 지금까지 생각하거나 행해 오던 방식이 잘못된 것 또는 한계를 가지고 있는 것으로 인식해야 하며, 그러한 잘못이나 한계에서 벗어나거나 기존의 방식을 깨고 나와야 새로워질 수 있다는 이야기다.

어느 날 여대생 A가 내게 물어왔다.

"주변에서 생각의 틀을 깨라는 등, 틀에서 나와야 한다는 이야기를 많이 들었어요. 누가 뭐라 하건 상관하지 않고, 지금처럼 제가 가지고 있는 틀 안에서 생각하는 것은 잘못된 것인가요?"

전후 사정과 관계없이 들은 내용이기에 무엇이라 답할 수 없었다. 그녀에게 무슨 말인지 묻자 조금 주저하듯 하더니 대답했다.

"남자친구랑 술자리에서 이야기할 때도 있었고, 주변 친구들을 만났을 때도 조금 고지식하게 보인다면서 그런 이야기를 하더라고요."

이야기를 듣자마자 어떤 분위기인지 알 수 있었다. 흔히 개방적이지 못한 친구에게 '내가 너보다는 한 수 위'라는 생각을 자랑하기 위해서, 술자리에서 좋아하는 이성을 유혹하기 위해서 생각의 틀에 대해 이야기하고 있음을 알게 되었다.

흔히 남녀 이성 간 문제, 성에 대한 개방성에 초점을 두고 생각의 틀이란 단어를 사용하고 있어 조금은 아쉬운 마음이 들었다. 생각의 틀이라는 말을 이용하여 '지금 당신은 고지식하면 안 됩니다. 요즘은 그렇지 않습니다. 그러니 이번 기회를 통해 생각의 틀을 깨고 개방적인 삶을 살아보아야 합니다'라는 엉큼한 속내를 숨기기 위해서 사용되는 경우가 많기에 생각의 틀이 가진 의미가 너무나도 아까웠다.

또한, 강연이나 책에서는 '생각의 틀을 깨고 나와야만 새로운 나를 만들어 갈 수 있습니다!', '생각의 틀에 갇혀 있으니 발전과 변화가 없는 것'이라고 이야기하지만, 그것을 구체적으로 어떻게 깨고 어떤 것을 개선해야 하는지에 대한 이야기는 없이 추상적인 제시만 하고 끝나버리는 경우를 종종 보았다.

그렇다면 정말 자신이 가지고 있던 생각이나 관점 등을 벗어나 새로운 것을 추구하는 것만이 생각의 틀을 깨고 나오는 것일까? 우리는 생각의 틀을 깨야만 하는 것으로 인식하고, 생각의 틀에서 벗어나려고 일부러 다르게 생각하거나 하지 않았던 방향으로 행동해야 할까? 우리가 가지고 있는 생각의 틀은 정말 잘못된 것일까? 정말 우리의 생각의 틀은 깨고 부셔야 하는 대상일까?

생각의 틀이란 대표적으로 고정관념, 편견, 선입견 등 이미 가지고 있는 생각에 따라서 올바른 판단과 결정을 하지 못하게 하는 저해요소로 구성되어 있다. 그래서 생각의 틀을 깨고 부수자는 뜻은 기존에 늘 해 오던 방식대로 결정하는 패턴, 무의식적으로 받아들여 자리 잡은 편견과 선입견의 존재를 인식하고 개선하자는 좋은 뜻이 있다. 개선을 통해 '한정적 사고방식을 벗어나자'는 뜻이다.

하지만 이 뜻은 무조건 새롭게 생각하거나 행동하자는 것, 기존의 것을 버리고 다시 만들자고 주장하는 것이 아니다. 지금까지 생각하고 행동했던 부분들을 모두 잘못된 것이라 부정하는 것은 올바르지 못한 생각의 틀 깨기다.

기존의 생각들을 잘못된 것이라 부정하며 새로운 것을 추구하는 것만이 답은 아니다. 자신의 생각의 틀이 어떤 모습으로 존재하는지, 어떤 변화를 거쳐 왔는지, 어떻게 변화해 나갈 것인지를 생각해 보며 자신을 위해 무엇이 도움이 되는지, 어디서부터 시작해야 하는지를 판단할 수 있어야 한다.

지금 우리가 가지고 있는 생각의 틀은 적어도 몇 년, 많게는 수십 년을 자신의 경험과 판단으로 정립된 것이다. 또한 자아 성찰이나 반성, 학습, 사회적 분위기, 환경의 변화 등 다양한 요소로 인해 조금씩 변화하며 확립되어 온 것이다. 그래서 우리는 지금 가진 생각의 틀 자체를 깊게 생각해 볼 필요가 있다.

생각의 틀을 인지한 후 생각과 행동을 조절하고 절제할 수 있다면! 인위적이라 할지라도 생각의 틀에 다른 생각을 가하여서 하고자 하는 일에 자신감을 얻거나 스트레스를 덜 받게 한다면! 생각의 틀을 이용하여 자신에게 도움이 되는 방향으로 끌어갈 수 있지 않을까?

❷
[생각의 틀]
생성과 변화

생각의 틀이란 어떻게 만들어지고, 어떻게 변해 가는 것일까?

프로이트가 말한 ID, EGO, SuperEGO를 바탕으로 정신적 에너지, 본능, 정신 에너지의 배분과 처분, 카텍시스와 항카텍시스, 의식과 무의식, 불안, 동일시, 전이와 승화, 자아의 방어기제, 본능의 변형, 성 본능의 발달 등 학문적 견해를 통해 전문적으로 표현할 수 있겠지만, 너무 거창하게 생각할 필요는 없다.

경험, 교육 등으로 만들어진 가치관, 사상, 관점, 종교 및 시대적 상황, 가정의 분위기, 사회적 분위기 등 다양한 개념들이 복합적으로 영향을 주며 생각의 틀이 만들어진다.

우리는 태어나는 순간부터 어느 하나도 똑같은 상황에 놓일 수 없다. 같은 부모님 밑에서 자란 쌍둥이도 외모·성격·성향이 다를 수 있으며, 부모의 눈길 한 번, 손짓 한 번에 생각의 틀이 달라진다. 가정을 벗어나 외부로 나가는 순간부터는 더 다른 환경을 접하기 때문에 똑같은 방식으로 생각하고 행동할 수 없게 된다. 순간의 감정이나 판단들이 다시 생각의 틀에 영향을 주어 조정되거나 변화하기 때문에 똑같은 생각의 틀을 가진 사람은 없다.

형성된 틀은 한번 정해진 것으로 끝나는 것이 아니며 새로운 경험과 감정 등을 통해 끊임없이 변화한다. 또한 판단과 결정을 해야 하는 순간에도 자신이 놓인 상황과 환경, 누구와 관계가 있는지에 따라 달라지기도 한다. 그 때문에 항상 일정한 모습을 갖지 못한다. 이로 인해 다중인격처럼 보이는 사람도 있다.

그러므로 같은 사건이 발생하더라도 인식하는 사실과 느끼는 감정, 해결해 나가는 방식도 개인마다 다를 수밖에 없다. 사건을 문제로 인식해 걱정하는 사람이 있고 사건을 문제로 인식하지 않고 대수롭지 않게 넘기는 사람도 있다.

문제로 인식할 경우 근심에 빠질 수도 있고, 해결해 나가려는 의지를 갖는 사람이 있는가 하면 어쩔 수 없음을 인정하고 포기해 버리는 경우도 발생한다.

항상 같은 모습으로 존재할 수 없는 생각의 틀에 또 다른 요소들이 결합하기 때문에 매번 같은 생각의 틀이 작용할 수 없다는 것을 이해하고 인정할 수 있어야 한다.

스스로가 이런 문제를 '나는 가치관이 없는 사람인가?', '나에게 자존심이란 없는 것일까?', '나는 일관성이 없는 것 같다'라는 식으로 치부하여 자신을 괴롭히는 것보다는 이번 선택과 결정에는 어떤 '요소'를 택하였고, '어떤 것'에 중심을 두었는지 인지하는 것이 중요하다.

생각의 틀은 삶을 살아가는 방식, 중시하게 되는 요소(예를 들어 성공, 가정, 돈, 안정, 우정, 사랑, 명예 등)의 순서를 결정하기도 한다.

사회생활을 하는 직장인에게 같은 날, 저녁 식사를 하자는 연락이 동시에 온다고 가정해 보자.

1. 가족   2. 애인   3. 친구들   4. 직장 상사

이 중 누구와 저녁 식사를 할 것인가?

처세술에 관한 관점에서 본다면 '직장 상사'와 저녁 식사를 하는 것이 맞을 것이다. 자신을 가장 많이 이해해 줄 수 있는 '가족'은 제일 마지막 선택, 그다음 나를 더 이해해 줄 수 있는 '애인'과 '친구'를 선택하며 자신을 가장 이해해 줄 수 없는 '직장 상사'와 식사를 하는 것이 '이해'에 따른 처세술이다. 그렇지만 매번 이러한 상황이 생긴다면 우리는 '이해'의 정도라는 요소만 가지고 살아갈 수 없을 것이다.

평소 이런저런 사정으로 외식을 자주 하지 않던 '가족'이 있다면 '가족애'라는 요소를 선택할 수 있다. 몇 달 또는 몇 년 만에 연락이 온 '친구'가 있다면 '우정'이라는 요소를 선택할 수 있다. 보고 또 보아도 보고 싶은 '애인'은 '사랑'이라는 요소에 의해 선택할 수 있는 것처럼 매 순간 누구와 식사를 할 것인지는 달라질 수 있다. 이것은 결정을 내리는 요소가 다르기 때문이다. 이런 결정에는 가정적인 것을 중요시한다거나 사랑보다 우정을 중시하는 성향들도 포함되어 이루어질 수 있다.

혹여 '이번 선택과 결정이 잘못되었다'라는 생각이 든다면, 정말 잘못된 선택과 결정이었는지에 대한 점검과, 내가 선택한 어떤 요소 때문에 후회하는 감정이 들거나 잘못된 것이라 판단되는지 돌아보아야 한다. 그리고 '어떤 것'을 중심에 두어야 후회하지 않는 선택을 하게 될지 살펴볼 수 있다면, 다음 선택에는 '어떤 것'에 중심을 두어 판단하고, '무엇'을 택할 것인

지에 대한 결정을 할 수 있게 된다. 이렇게 생각의 틀을 이용하고 발전시킬 수 있어야 한다.

　이성 친구, 애인을 선택하는 기준을 이러한 요소들로 판단하는 경우가 많다. 대부분의 사람들은 누군가와의 만남에 있어 결정을 내리게 하는 요소가 작용한다.
　애인을 선택하는 기준에 '미(美)'를 중시하던 친구가 있었다. 애인이 없으면 없었지, 본인이 생각하기에 예쁘지 않은 여자와는 만나지 않겠다는 친구였다. 그러던 어느 날 본인의 여자 친구를 소개하는 자리에 '미(美)'와는 조금 거리(?)가 있는 여성을 데려와 인사를 시켰다. 심지어 결혼한다는 이야기에 그 친구를 불러내 조심스레 물어보았다.
　"매일 예쁜 여자 타령을 하더니…. 내가 보기에 예쁜 건 아닌 거 같은데? 너랑 나랑 보는 눈이 달라서 그런가?"
　그러자 그 친구가 대답했다.
　"아니야. 너랑 보는 눈이 별 차이 있겠냐? 내 눈에도 예쁜 건 아니야. 근데 내가 겪어 보니깐 예쁜 것보다 그냥 날 이해해 주는 게 편하고 좋더라."
　친구는 자신이 중시하고 고집하던 요소인 '미(美)'를 벗어나 다른 요소인 '편안함'에 초점을 두었다. 그 판단에는 '연애와 결혼은 다르다'라는 차이를 두고, 누군가를 만나고 결심하는 생각의 틀을 다시 갖게 된 것이다. 이전 연애에서 나온 문제들, 현실과 나이, 자신의 상황과 앞으로 살아갈 모습 등 여러 요소가 다시 만들어 낸 생각의 틀의 결정이었다.

　이렇게 생각의 틀이 만들어지는 과정은 사람마다 다르며 끊임없이 변화하기에 가치관도 변하고 생각하는 방식, 선택하는 기준, 좋고 싫음 등에

'나다운 것'은 존재하지 않을 수 있다. 모든 상황이 다르게 전개되고 감정과 시기 등 요소들이 변했는데 '나다운 것'만을 고집할 수 없는 이유인 것이다. 그렇기에 다양한 모습을 보이거나 다르게 선택해 나가는 모습들을 느끼며 '나다운 것'이 아니라고 애써 부정하고 괴로워할 필요가 없다.

혹시나 일관성 없는 자신을 보며 괴로워하고 있다면, 지금은 그때와 다를 수밖에 없기에 자연스러운 것이라고 인정하고 털어내 보자. '변덕'이 생기는 것은 '나'라는 존재가 아닌 내 생각의 틀의 변화이기 때문이다.

❸
[생각의 틀]
형상

생각이란 어떤 형태일까? 각자 생각하는 형태는 다를 것이다. 생각은 뇌와 연관되어 있고, 뇌는 작은 세포들로 구성되어 있으며, 그 작은 세포 안에 기억 또는 정보를 담고 있다. 그렇게 모인 세포들이 뇌를 가득 채우고 내가 기억해 놓았던 정보나 사실, 감정 등이 신경세포로 연결될 때 머릿속에 떠오른다. 그럼 생각의 틀은 어떤 모습으로 존재하는 것일까? 형태로는 정확한 정의를 내릴 수 없겠지만 뇌의 모양이나 큰 뭉게구름처럼 일정치 않은 모습으로 존재하는 듯하다.

우리 주변에는 특정 부분의 생각의 틀이 도드라지는 사람이 있다. 어렵고 힘든 상황에서 자란 사람들은 돈에 대해 '한(恨)'이 있어서 그런지 돈을 버는 것에 집중하고, 돈을 쓰는 것에 대해 엄격하다. 그것은 과거의 힘든 시간을 통해 돈이란 것을 어떻게 인식해 왔느냐에 따른 차이일 것이다.

연애에 대해 관심이 많은 사람은 다양한 경험들을 통해 알게 된 노하우들을 잘 활용한다. 상대방에게 호감을 사는 방법과 연애를 즐기는 방법, 헤어지게 되어도 흐트러짐 없이 잘 극복하는 방법 등을 잘 알고 있다. 최근에는 연애에 대한 전문가적 견해를 가진 사람들이 그렇지 못한 사람에게 기술을 전수(?)해 주는 학원도 생겼다. 자신의 경험과 이론을 결합하여 새로운 분야를 개척할 만큼, 연애에 대한 생각의 틀이 강하게 발달한 사람도 있는 것이다.

개개인의 특성을 제외하고 생각의 틀이 비슷하게 형성되는 부분은 '사회적 분위기'가 큰 요소로 작용한다. 이것은 집단(혹은 무리)의 구분을 짓기도 하는데 흔히 세대 차이라 부른다. 어느 시대에 어떤 분위기로, 무엇을 위해 살고 어떻게 살았는지에 따라 생각의 차이, 관점의 차이, 해결 방식, 이해도 등의 차이가 생긴다. 그래서 비슷한 나이를 가진, 비슷한 환경에서 자란 사람끼리는 생각하는 방향과 방식이 비슷하기에 서로를 이해하기가 더 쉽다.

이렇게 의도하거나 의도하지 않아도 갖게 된 생각의 틀은 더 많은 요소와 결합하여 다양한 모습으로 존재한다. 그래서 똑같은 사실을 듣고도 똑같은 감정이나 똑같은 판단을 할 수 없다. 그렇기에 우리는 상대방의 생각을 판단하거나 평가하려는 오류를 줄여야 하는지 모른다.

같이 생활을 하는 가족도, 연애하는 애인도, 매일 만나 같은 공간에서 일하는 직장 동료도 몇 마디 단어로 그 사람을 정의할 수 없다. 그렇기 때문에 내가 누군가를 이해할 수 없는 것이 당연하다는 마음으로 대화를 하고, 서로가 다름을 인정해 가며 조율해 나가야 한다.

또한 상대방에게 자기 생각을 아무리 자세하게 설명한다고 해도 전할 수 있는 한계는 분명하게 존재한다. 전달하고자 하는 이야기를 받아들이는 상대방의 생각의 틀이 어떤 내용으로 받아들이게 될지 모르기 때문이다.

그렇기에 본인의 판단이 옳다고 주장하거나 확신하는 것도 오류를 범할 수 있음을 인식하고 있어야 한다. 내 기준에 당연할 수 있겠지만 다른 사람의 기준에는 전혀 이해할 수 없는 것일 수 있고, 과거에는 옳았다고 하지만 현재 상황에 맞지 않을 수도 있다.

④
[생각의 틀]
무엇부터 받아들일까?

 과거에 X라는 사건이 발생하였을 때 Y라는 행동을 하였다고 가정해 보자. 지금 X라는 사건이 발생하였을 때 똑같이 Y라는 행동을 할 수 있을까? 우리가 같은 상황에 대해서도 일관적인 모습을 갖지 못하게 되는 이유 중 하나는 순차적인 차이에 있다.

 사건이 발생하였을 때 제일 먼저 전달되는 것은 감정이다. 사건에 대한 판단보다 순간적으로 느끼는 감정이 더 빠르게 작용한다. 이 감정은 사건이 발생하는 시점에 유지하고 있었던 감정 상태에 영향을 받기도 하고, 사건을 판단하고 해결해 나가는 행동을 결정할 때도 크게 작용한다.
 사건이 발생할 당시 유지하고 있는 감정이 좋은 상태였다면, 문제를 해결하거나 상황을 판단하는 데 긍정적으로 작용하여 부드럽고 유연하게 해결해 나가고자 한다. 모든 사건에 똑같이 적용할 수는 없지만, 기분이 좋으면 대부분 잘 넘어갔던 일을 겪어 보았을 것이다. 이것을 누군가는 '기분파'라 이야기하고 일관성이 없는 '우유부단'으로 정의하기도 한다.
 하지만 여기서 경계해야 할 것은 사건이 발생하였을 때 유지하고 있던 감정 상태가 좋지 않을 때나 부정적일 때, 감정 상태와는 무관하게 '싫다'는 느낌이 순식간에 감정 상태를 지배할 때 생긴다.

대학을 다니던 때, 방에서 쉬고 있을 때였다. 중간고사 기간 중 다음 날 시험을 준비하기 위해 낮잠을 포기하고 졸음과 싸우는 예민한 시간이었다. 어머니가 방에 들어오셔서 이것저것 정리해 주시다가 선물 받은 스킨로션이 바닥에 떨어져 깨졌다. 순간 나도 모르게 화가 나 아무 말도 나오지 않았다. 그 순간 어머니를 바라보며 '이성적으로 생각해야 한다'라는 생각이 들었다.

'저 스킨로션보다 우리 어머니가 소중하다. 내가 화낸다고 스킨로션이 안 깨진 상태로 돌아가지는 않는다.'

화가 난 감정을 전환하기 위해 인위적이었지만 최대한 아무렇지 않은 듯 어머니를 안전하게 방 밖으로 모신 후 깨진 병을 정리하였다.

만약 내 감정을 전환하지 못하고 깨진 스킨로션 병을 보며 '이 스킨로션을 선물 받았을 때 난 정말 행복했는데…. 왜 어머니는 하필 지금 정리하셔서 이런 일을 만들었을까…'라는 생각을 가졌다면 난 아마 어머니께 화를 냈을 것이다.

스킨로션이 깨진 상태에서 내가 먼저 인지하고 받아들인 것은 어머니에 대한 마음이었다. 갑자기 생긴 화난 감정을 절제하기 위해 스킨로션에 대한 감정보다 어머니에 대한 감정을 인위적으로 앞세웠다. 그렇기에 어머니께 상처를 주는 일을 한 번이라도 줄일 수 있었다. 효심이 늘 바탕이 되어 있다면 이런 인위적인 과정 없이도 잘 해결하였을 것이다. 하지만 대부분 평소에 인지하고 있는 부분일지라도 순간적인 감정에 휩쓸려 실수할 수 있다.

이처럼 우리는 스스로가 가진 생각의 틀 내에서 평상시 가지고 있던 우선순위를 바탕으로 반응할 수 있고, 상황에 맞게 선택하여 반응할 수 있다. 이렇게 감정을 인위적으로 조작(?)한다는 것에 '진심'을 논한다면 문제가 되겠지만, 감정적으로 행동하여 누군가에게 상처를 남기고 후회를 하는 것보다 좋지 않을까? 어색하겠지만 한두 번 경험해 봄으로써 다른 일이 생겨도 지혜롭게 풀어나갈 수 있다.

⑤ [생각의 틀]
비중

나이가 들며 느끼는 것 중 하나는 해야 하는 일과 신경 써야 하는 일이 많아진다는 것이다. 자신의 역할이 많아진다는 이야기다. 하루 24시간은 한정적이기에 주어진 것을 다 하기에는 부족하다고 느껴지는 날도 많아진다. 그럴 때면 해야 하는 일이나 중요한 역할에 비중을 두게 된다. 정확하게 나누어 생각하지는 않지만, 더 무게를 두고 중요하게 생각하는 것들이 생기게 된다.

예전에 SNS(Social Network Service)에서 '뇌 구조'가 인기를 끌 때가 있었다. 어느 특정인의 생각을 비판하고 조롱하기 위해 만든 것도 있었고, 자신이 무슨 생각을 하고 있는지를 표현하기 위해 만든 것도 있었다. 뇌 구조 안에 동그라미를 그리는데, 비중에 따라 크기를 다르게 표현하고 그 동그라미 안에 '생각하고 있는 내용'을 넣는 방식이다. 중요시하는 부분을 크게 그리고, 별로 중요하지 않은 부분은 작은 점으로 표현하기도 한다.

지금 본인 생각의 비중들을 '뇌 구조'로 표현해 본다면 어떨까? 학생 시절에는 대체로 가족이나 친구, 성적이나 진로, 연애 등 몇몇 생각들만이 비중을 차지한다. 그래서 짝사랑을 하게 되면 모든 관심이 한 곳을 향하게 되는 경우도 있고, 이성 친구와 헤어지게 되면 하늘이 무너지는 것으로 여겼다. 큰 비중을 차지하고 있는 이성 친구의 문제가 생기면 크게 슬프고 아파했던 경험이 있을 것이다.

하지만 나이가 들고 시간이 지나면, 누군가와 헤어지는 순간이 예전만큼 아프지 않은 경우가 많다. 이것을 '진정한 사랑이 아니어서 그런 것이다', '많이 좋아하지 않은 것이다'라고 단정을 짓는 사람도 있다. 그리고 이전의 경험들로 인해 소위 '내공'이 쌓여 괜찮은 것으로 생각하는 사람도 있다.

하지만 이 문제를 생각의 틀에서 생각해 보면 이별의 아픔 말고도 내가 지켜야 하는 역할과 해야 하는 일이 많아졌기에, 단지 연애가 차지하는 비중 자체가 줄었기 때문에 덜 아프고 덜 힘든 것은 아닐지 생각해 볼 수 있다.

풋풋하고 순수하게 누군가를 좋아하는 것에 대해 그리워하는 20~30대 젊은이가 많다. 그 사람 자체만을 생각하며 좋아하고, 설레고, 아파하고, 슬퍼하는 감정이 부러운 것이다.

어쩌면 나이가 들어 사랑의 열정이 없어지거나 사람 자체만을 놓고 좋아하는 감정을 갖기보다 사람 이외의 것의 비중이 커지면서 그럴지도 모른다. 예를 들면, 좋아하는 마음이 100이라면 예전에는 온전히 100을 사람 자체로 평가하였지만, 지금은 사람 70, 직업 10, 가정환경 10, 학벌 10… 등 다른 요소들이 생긴 것이다.

또, 전체적인 생각 중 연애가 차지하는 비중도 예전에는 50이었다면 다른 일들로 인해 40, 30 심지어 지금은 필요 없다며 0까지 줄어든 사람이 있다. 혹시 마음에 드는 사람이 생긴다면 연애에 관한 비중이 다시 커질 수 있지 않을까? 아니면 어느 정도 괜찮은 사람이라 생각되는 사람과 즐겁게 지내다 보면 연애의 비중이 커져 다시 열렬한 사랑을 할 수 있지 않을까?

물론 연애와 사랑의 비중이 늘 큰 사람에게는 이해되지 않을 이야기다. 꼭 연애와 사랑뿐만 아니라 일, 꿈, 인간관계 등 여러 분야에 대한 비중을 전체적인 관점에서 점검해 보고 이를 통해 불필요한 감정, 걱정하지 않아도 되는 일과 중요하지 않은 일등을 구분할 수 있게 된다.

나는 책을 쓰며 현재 가지고 있던 생각의 비중들을 조절해 보았다. 다양한 아이디어를 얻기 위해 친구들을 만나기도 하였고, 평소에 어색했던 사람들과 이야기하며 시간을 보냈다.

새로운 것을 시작하며 기존에 생각하던 요소들의 비중이 줄어들었다. 누군가의 말 한마디에 신경을 쓰고 걱정하던 시간, 이전 일에 대해 후회하는 시간과 막연히 미래에 대해 두려움을 느끼는 시간, 현재 답답하게 생각되는 현실에 대해 생각하는 시간이 줄었다. 이렇게 '비중'의 크기를 변경하며 자연스럽게 잊히는 일들도 생겼고, 하지 않아도 될 생각에 시간을 낭비하는 일이 없어졌다.

무엇인가를 해야겠다는 결심만으로 잘되지 않는다면 자신의 뇌 구조를 그려 보는 것은 어떨까? 지금 자신은 어떤 요소들을 가졌는지 생각하고 살펴볼 시간이 필요하다. 그렇게 그려진 뇌 구조 속 요소들의 비중을 매겨 보고 어떻게 개선해야 좋을지 고민해 보자. 시간적·경제적 여유가 없기 때문에 할 수 없는 것은 과감히 포기해야 하는 요소도 있을 것이다.

우리는 우리가 사용할 수 있는 시간적·환경적 요인의 최대 '100'이란 한계치를 가지고 있음에도 최대 한계치를 '110'으로 만들려고 노력하기 때문에 문제가 발생한다. 어떤 것을 포기하거나 어느 부분을 조정하지 않으면서 '조금만 더 노력하면 이것도 저것도 포기하지 않고 모든 것을 훌륭하게 다 이룰 것 같다'는 욕심이 어느 하나도 제대로 이룰 수 없게 하는 것은 아닐까?

그렇기 때문에 우린 최대치가 '100'에서 '110'이 되길 바라는 것보다 '100' 안에서 조절하여 '100'을 잘 활용하는 편이 유리한 것은 아닌지 생각해 봐야 한다.

길을 지날 때면 매번 보게 된다.
어느 날부터 묶여 있었는지 모르겠지만
황구(누렁이) 녀석은 큰 철문 앞에 묶여 있고
밖으로 지나다니는 차를 보며 꼬리를 흔들고 있다.

왜 저 황구는 불쌍하게도 저 주인을 만나
저렇게 철문에 짧은 줄로 묶여 자유롭지 못할까.
왜 저 황구는 황구로 태어나서
호강하는 애완견과 다른 삶을 살아가는 것일까.
왜 저 황구는 불편한 상황에도 불구하고
무엇을 위해 열심히 꼬리를 흔들고 있을까.

그 황구를 보며 나와 다르지 않다는 것을 느낀다.

왜 나는 불쌍하게도 좁은 이 나라에 태어나
활동 범위가 자유롭지 못한 걸까.
왜 나는 재벌 2세나 금수저를 물고 태어나지 못해
힘든 삶을 살아가는 것일까.
왜 나는 그럼에도 무엇을 위해 열심히 살아가고 있을까.

하지만 난 불행하지 않다.
세상을 원망한 적도 많지만 특별히 슬프지 않다.
난 내 가족을 사랑하며, 내 인생에 열심히 살았던 날도 많았다.
그리고 앞으로도 행복한 일이 더 많을 것이라 기대하며 산다.

아마 황구도 불행하지 않을 것이다.
세상을 원망한 적이 있을지 모르겠지만
밥을 주는 주인도 있고,
자신의 인생의 대부분을 그곳에서 보낼지라도
주인과 지나가는 차를 보며 즐겁게 꼬리를 흔들 수 있다.

단지 내가 그렇게 묶여 있는 것이
'불쌍한 것'이라 정의하였을 때
그 상황을 보는 내 마음이 불편할 뿐
그 상황에 있는 황구가 어떨지는 아무도 알 수 없다.

다른 사람이 날 보며 '불쌍하다'고 정의할지 모르겠지만
그들이 내 상황을 보며 불편해하는 것이지
나는 아무렇지 않고, 행복한 마음으로 살아갈 수 있는 것이다.

- 《시답지 않은 이야기》 황구 편 中

2장

가치관

❶ [생각의 틀] 통하지 않는다
❷ [생각의 틀] 가치관에 대한 소통
❸ [생각의 틀] 모든 사람과 두루두루
❹ [생각의 틀] 로마에 가면 로마법을 따르라
❺ [생각의 틀] 결정의 번복
❻ [생각의 틀] 상대적 평가

1

[생각의 틀] 통하지 않는다

인간에게는 기본적인 방어 본능이 존재한다. 그것은 물리적인 위협에 대한 것뿐만 아니라 정신적인 위협에서도 자신을 지켜내기 위해 작동한다.

그래서 사실에 관해 전해 들을 때와 말하는 사람의 주장이나 제안, 충고 등 전달자의 생각을 들을 때 반응하는 것이 다르다. 사실에 관해 전해 들을 때는 본인의 기준이 주체가 되어 사실을 판단하며 받아들이기에 방어 본능이 낮게 적용되지만, 본인의 기준을 통해 판단된 것이 아닌 상대방의 생각과 의견을 듣는 것은 거부감이 들거나 반대의 논리로 맞서려는 경우도 생긴다.

생각의 틀은 왜 타인의 생각과 의견에 대해 거부감이 들고 반발하려는 생각이 앞서는 것일까? 그 이유가 단순히 앞서 언급한 본능에 의한다면 자신의 견해를 관철시키기 위해 근거를 제시하고 서로에게 주장만 할 것이다. 하지만 서로의 생각을 이야기하고 상대방의 생각을 이해할 수 있는 대화라는 것이 존재하니 단지 본능에 의해 거부감 또는 반발심을 갖는 것은 아닐 것이다.

그렇다면 생각과 의견을 전달하는 일은 상대방이 거부감과 반발심을 갖고 있으니 무의미한 일들이 아닐까? 듣는 사람 입장에서 전달되는 내용을 인정하거나 수용하는 문제에 소신(所信)과 고집, 자존심을 바탕으로 생각하는 경우가 많다. 그래서 말하는 사람의 의견을 의견 자체만 놓고 판단하기보다 상대방의 간섭과 잔소리를 통해 자기 생각과 행동이 잘못된 것으로 인지되거나 평가되는 것에 대해 방어하고 싶은 본능일 수 있다.

또한 명백하게 잘못하고 있는 것에 대한 지적이나 지시에도 거부감이 생길 수 있다. 그것은 잘못된 부분에 대한 내용보다 '내가 잘못되었다고 말하는 것' 또는 '지시를 받았다는 것'에 대해 불쾌함을 느끼는 것이다. 그렇기에 자신이 정당함을 증명하고 싶은 마음이 들고, 억울하고 답답한 상황에 대한 반론을 준비하며 듣는다. 그래서 전달되는 내용에 집중하지 못하고 서로가 감정적으로 치닫고 부딪치게 되는 경우가 발생한다.

이런 문제가 발생하는 것은 전달방법의 미숙함, 명령·지시·지적하는 어조, '화'에서 발생한 감정적 발언 등의 이유 때문이지만, 대부분은 듣는 사람의 받아들임의 차이라는 것을 인지하지 못해서 나타난다. 이야기가 전달되는 과정에서 내용뿐만 아니라 말하는 사람의 지위·인격·나이·상황 등 이야기를 듣는 사람이 이전부터 판단하고 있던 여러 요소와 결합하여 전해지기 때문에 온전하게 내용만 전달될 수 없는 것이다.

그렇다면 말하는 입장에서 받아들여지지 않는 상대방의 생각의 틀에 화를 내고 답답해하며 스트레스를 받아야 할까? 아니면 다양한 전달 방법을 연구하거나, 더 깊고 정교한 논리를 준비해야 할까?

그나마 듣는 사람이 어느 정도 수용할 수 있는 마음을 가진 사람이라면 다행이지만, 무관심한 사람도 많다. 누군가 무슨 말을 하였을 때 그 이야기가 자신이 듣고 싶지 않은 내용이거나, 자신이 잘못되었다고 지적을 받는다면 듣는 순간 대충 흘려보내고 그 순간이 지나면 바로 잊어버리는 것이다. 말하는 사람의 판단과 기준에서 잘못된 것이기에 크게 생각하지 않고 스트레스가 되지 않도록 바로 털어 버리는 사람이다.

 결국 듣는 사람의 무관심과 변화 없는 행동거지는 듣는 사람의 생각의 틀에 의한 것이지, 꼭 말하는 사람의 이미지나 능력, 지위, 직책, 자격 등에 기인하여 돌아오는 반응이 아니다. 듣는 사람이 어떤 생각의 틀을 가진 사람인지 알 수 없고, 이야기를 듣는 시간적·환경적 요소 등의 변수가 함께 작용하기에 전달하고자 하는 내용이 통하지 않는 것이다.

 그러므로 자기 생각과 의견이 상대방에게 통하지 않는다는 이유로 자신의 역량·자격·인성·능력을 평가할 필요가 없다. 다른 누군가가 똑같은 생각과 의견을 제시하여 통하지 않았던 사람에게 통했다고 하여 자신을 무능력하거나 부족한 사람으로 인식하며 스트레스를 받을 이유도 없다.

❷
[생각의 틀]
가치관에 대한 소통

어느 날 퇴근길에 누군가가 술 한잔을 권하였다. 하지만 그날은 부모님의 결혼기념일이었다. "저는 오늘 부모님 결혼기념일이라 외식하러 가야 할 것 같습니다"라고 말하면 이해하는 사람도 있었고, '본인 결혼기념일도 아닌 부모님의 결혼기념일을 핑계 삼아 피한다'라고 생각하는 사람도 있었다.

물론 각 가정마다 사정이 있어 그렇지 못한 경우도 있을 것이다. 그리고 가족 분위기가 좋다는 것이 꼭 다 같이 모여 이야기하는 것만이라고는 말할 수 없다. 단지 내 생각의 틀에 자리 잡은 '가족 분위기가 화목하다'라는 기준은 이런 종류라 생각하게 된 것 같다.

가족 분위기란 것이 경제적 풍요와 삶의 여유를 바탕으로 화목함과 다정함이 생겨나는 것이 아닌데도 이미 어색하게 굳어진 분위기에 어쩔 수 없다고 이야기하는 사람이 많다.

'내가 원래 무뚝뚝해서 분위기가 이런 것 같다.'
'특별하게 다정다감할 필요성을 못 느끼겠다.'
'각자의 생활을 하다 보면 어쩔 수 없이 변하게 되는 것이다.'

'우리 집은 아들만 둘이라 딸이 있었어야 했는데….'

수많은 생각이 있을 수 있다. 스스로 겪어 오며 보고 느끼는 것, 주변에서 들려오는 것 등 수많은 이유로 '가족'이란 개념의 생각이 정립됐을 것이다.

가족중심적인 분위기에서 살아온 사람과 독립적인 분위기에서 살아온 사람이 만났다고 가정해 보자. 한쪽에서는 많은 가족 행사와 기념일이 지나치다고 생각이 들 수 있고, 반대쪽에서는 '가족애'가 없어 보이거나 내가 원하거나 만들고자 하는 가족의 모습과 다를 것 같은 불안함을 느끼기도 한다. 그렇기 때문에 연인이나 부부 사이에 서로 다른 '가족의 의미'나 '가족의 분위기'로 다툼을 겪기도 한다.

'가족'의 가치를 다르게 가진 상태에서 이야기하고 행동할 때 다툼이 발생한다. 이렇게 서로가 가진 가치가 다를 때 '가치'에 대한 대화를 하지 않으면 상대방의 행동이나 말에 대해 오해하는 일이 많아진다.

상대방과 지내 온 시간이 길다 하여 상대방에 대해 많은 것을 알 수 있는 건 아니다. 시간에 비례하여 상대방을 이해할 수 있는 것이 아니기 때문에 평상시에 '어떤 가치'에 대해 '어떻게' 생각하는지, '무엇'을 중요시하는지에 대해 이야기하고 판단하여 서로에게 맞추어 가는 방법을 생각해 놓는 것이 좋다.

'가족'이란 개념뿐만 아니라 인생, 친구, 직업, 사랑, 돈 등 물질적·정신적 다양한 가치를 어떻게 생각하고 있는지에 대한 대화가 중요하다. 그것이 서로가 이해할 수 있는 바탕이 된다. 서로의 생각의 틀에 차이가 있음을 인정해 주고, 차이에서 오는 생각과 행동이란 것을 인지하고 있다면 의견을 모으는 일이 쉬워지고 다툼이 발생하는 일을 줄일 수 있을 것이다.

꼭 연인이나 부부뿐만 아니라 지금 인간관계를 맺고 있는 다른 누군가와 이해할 수 없는 부분으로 불편함을 느끼고 있다면, '가치'에 관한 대화로 해결할 수 있지 않을까?

한 가지 사실이 다양한 생각의 틀에 의해 받아들여짐으로써 예상하지 못한 불만이 발생할 수 있다. 이것은 개인과 개인, 개인과 단체, 개인과 국가 등 모든 관계에 적용된다. 그 불만은 비판과 오해를 낳기도 하고 상대방에 대한 불신이나 마찰을 만들기도 한다. 생각의 틀이 부정적으로 뻗어 나가게 만드는 '사실'에 대해 불만이 생겨난 이유나, '사실'을 바라보는 가치관에 관해 이야기함으로써 풀어나갈 수 있다.

❸
[생각의 틀]
모든 사람과 두루두루

학창 시절, 나는 반에서 1번부터 50번까지 모든 아이와 친하게 지내는 것이 좋은 것이라고 생각했다. 별로 할 이야기가 없는 친구에게도 일부러 다가가 관심사가 무엇인지 물어보기도 하고, 어색하거나 불편한 관계를 갖지 않으려 노력하였다. 이런 생각은 고스란히 사회생활에도 이어졌다.

누군가를 알게 되면 유쾌하고 재미있는 사람이란 인식을 주기 위해 분위기와 상황에 맞게 조금은 과장된 말과 행동으로 즐거운 분위기를 만들려고 노력했다. 스스로는 유머도 있고 눈치도 있는 사람이라 생각하였지만, 나를 피하는 사람들이 생겨나기 시작하면서 신경이 쓰이고 걱정이 되는 부분이 생겼다. 심지어 처음에는 좋은 관계였지만 시간이 지나면서 괜한 미움을 받는다고도 생각했다.

분명 말이나 행동으로 인한 오해가 있을 수 있고 과장된 몸짓과 행동의 부담스러움, 좋은 사람이란 생각이 들지 않아 피하거나 거리를 두는 것일 수도 있었다. 그런 거리감을 느끼거나 오해를 받고 있다는 느낌이 들면 그것을 풀려고 노력했다. 분명 나의 마음은 그렇지 않은데 서로가 거리를 둘 만큼의 불편함이 있다는 것에 스트레스를 받았기 때문이다. 그러한 노력에도 풀리지 않으면 상대방의 성격을 탓하거나 나와의 인연이 아님을 인정하고 단절시켜 버렸다.

나의 모든 인간관계를 원만하고 편안하게 유지할 수 있을까?
나의 모든 인간관계는 원만하고 편안하게 유지해야 할까?

누군가와의 마찰을 좋아하는 사람은 없을 것이다. 마찰이나 감정 대립을 피하고자 인위적인 모습을 보일 때도 있고, 가식적으로 웃을 때도 있다. 다른 사람과의 관계에서 오는 스트레스를 줄이기 위해 거리를 두거나 문제가 될 것 같은 이야기를 나누지 않는 사람도 있다.

누구와도 잘 어울리는 사교적인 사람일지라도, 사회적으로 덕망이 높고 유명할지라도, 모든 사람과의 관계가 원만할 수는 없다. 항상 일정한 입장과 위치에서 사람들을 만날 수 없고, 자신을 받아들이는 상대방의 생각에 항상 만족을 줄 수 없기 때문이다. 이렇게 잘 알고 있으면서도 인간관계에서 스트레스를 받는다면 생각의 틀에서 생각해 볼 필요가 있다.

모든 사람과 친하게 잘 지내야 한다고 집착하고 있는 것은 아닐까? 모든 사람과의 원만한 관계를 위해 노력해야 한다는 생각의 틀 때문에 불편한 일이나 작은 오해가 생긴 것을 걱정하고 불안해하는 것은 아닐까? 그래서 상대방의 작은 표정이나 말 한마디에 상처받거나 화가 나는 것은 아닐까? 이런 걱정과 불안을 개인의 예민함, 쿨(?)함의 정도로 판단해야 할까?

타인이 나를 바라보는 관점은 내가 의도하고 만들어서 알리고자 하는 '자신의 이미지'에서 결정되는 것이 아니라 상대방이 받아들이는 생각의 틀에서 판단하기에 차이가 발생한다.

예를 들면, 직장에서 '난 모두와 원만한 관계를 유지하길 원하기 때문에 즐거운 대화를 한다'라고 생각하여 만든 이미지는 직장 내에 모든 사람이 의도한 대로 받아들이는 것이 아니다. 특정한 상황을 보는 다른 누군가의 생각의 틀에서 판단된다. 그렇기 때문에 상사와 유쾌한 이야기를 나누면 아부를 한다고 생각하고, 후배들과 재미있게 이야기를 나누면 상사나 회사의 뒷말을 하고 있다고 생각할 수 있다.

그렇다면 상황에 따라 다르게 인식될 수 있음을 인지하고, '모든 사람과 두루두루 잘 지내는 것'에 대한 강박을 줄이고, '필요한 부분까지의 관계만 있다면 그것으로 괜찮다'라는 생각으로 전환하는 것이 좋지 않을까? 논리적으로 어느 것이 좋다, 나쁘다를 판단하는 것보다 스스로가 스트레스를 받지 않고, 나름 현명하다고 생각하는 길로 가는 것이 맞는 것이 아닐까?

누군가에게 이해를 바라고 오해하지 말라며 하나하나 다 설명하는 것도 이상하다. 내가 인지할 수 있는 부분보다 내가 알 수 없는 부분에서 발생하는 상대방의 판단 하나하나를 집착하고 걱정하기만 해서는 답답해서 살 수 없을 것이다.

누구든 가족, 친구, 연인, 직장 내 인간관계에서 완벽할 수는 없다. 어쩌면 인간관계 종류는 '이해의 정도'에 따라 달라질 수 있다. 서로의 관계 속에서 필요한 부분 혹은 요구되는 부분까지만 잘 지켜진다면 그 관계는 좋은 것이다. 그래서 누군가와의 관계에서 어떤 종류의 인간관계인지, 어떤 관점을 가졌는지에 따라 상대방에게 대하는 태도와 생각 또한 달리해야 한다.

나는 호의로 베풀었지만, 상대방에게는 과도한 관심일 수 있다. 불편함을 해소하기 위한 노력이 더 큰 불편함을 만든다. 그러니 인간관계 문제에 대해 너무 집착하는 것은 아닌지 생각해 보고, 그것이 꼭 나만의 문제라고 생각하여 자신을 괴롭히는 일은 없어야 한다.

④
[생각의 틀]
로마에 가면 로마법을 따르라

사회생활을 하게 되면 이런저런 이유로 이직하는 경우가 있다. 장래성이 없어 보이거나, 급여·근무환경, 같이 일하는 사람 등이 마음에 들지 않아 다른 곳으로 향한다. 떠나고 싶지만 떠나지 못하는 사람에게도 본인이 속해 있는 조직의 불만을 이야기하라면 지위 고하를 떠나 나름의 불만들이 존재할 것이다.

사람들은 자신이 선택하고 결정하여 입사하였음에도 퇴사하거나, 원하는 일을 하게 되었음에도 더 좋은 곳을 찾길 원한다. 누군가는 새로운 분야로 직업을 바꾸기도 하고, 다른 누군가는 같은 분야의 다른 곳에서 새롭게 시작하기도 한다. 하지만 아쉽게도 완벽한 곳은 존재하지 않는다. 그렇기에 우리는 100점 만점에 적어도 70~80점이면 그럭저럭 괜찮은 곳이며, 90점 이상이라 생각이 들면 자신에게 좋은 직장이라 인정하고 만족해야 할지 모른다.

요즘은 개인의 인권이 강화되고 수평적인 관계를 지향하며, 즐거운 일터를 만들기 위해 다양한 조직문화가 만들어지고 있다. 이러한 사회적 분위기가 조성되고 있지만, 조직은 너무나 다양하고 나름의 특수성이 존재하기 때문에 모든 회사가 개인의 인권을 강화해 주거나 수평적 관계를 이룰 수 없는 부분도 존재한다.

여기서 조직의 특수성이나 변화 과정을 받아들이지 못하고 조직을 떠나거나 소외자의 길을 가는 직장인이 많이 존재한다.

신입사원은 지금까지의 '나'라는 것이 전부이기에 본인이 살아온 대로 임하게 된다. 그러므로 누군가의 눈에는 마음에 들고, 누군가의 눈에는 부족해 보이는 등 여러 변수를 만나게 된다. 이러한 변수를 만났을 때 본인의 생각의 틀은 어떻게 받아들이고 있을까?

기존에 존재하던 조직이란 곳에는 다양한 생각의 틀을 가진 사람들이 있다. 그 다양한 생각의 틀이 어떤 분위기를 만들었는지 모르는 상황이기에 '적응'이 필요하다. 적응이란 자신이 속하게 되는 조직에 맞게 생각의 틀을 조정하는 시간이자 어떤 곳인지를 알아가는 단계이다. 그런 적응의 방법은 개인마다 다르고, 어떻게 받아들이는지도, 얼마큼의 시간이 필요한지도 다를 것이다. 그리고 끝까지 적응하지 못하는 경우도 발생할 것이다.

적응하지 못하고 회사를 떠나는 이유가 지금까지 가지고 있던 생각의 틀로 그곳을 생각하고 판단하기 때문은 아닐까? 자신이 상상하고 꿈꿔 오던 것과 현실의 차이가 크기 때문에 그곳을 빨리 떠나는 것이 유리할 것으로 생각하는 것 아닐까?

로마에 가면 로마법을 따르라는 이야기를 다시 한번 생각해 보자. 어느 조직에 A라는 문화가 존재한다면, A를 문화로써 인정하고 A에 맞게 사고할 수 있어야 한다. 사고를 전환하기 위해서는 적응의 시간이 필요하다.

그리고 적응하는 시간에는 각자의 방법으로 옳고 그름을 따지는 '판단'이 아니라 어떤 분위기인지 '파악'하며 받아들이려는 노력도 필요하다.

하지만 대부분은 자신이 원하던, 꿈꾸던 직장이 아니라며 비난하거나 불평·불만을 품고 A라는 문화를 판단하고 평가한다. 그리고 불평과 불만이 쌓이는 것이 힘들어 그만둔다. A라는 문화를 받아들이기 힘들었던 것인지, 받아들이고 싶지 않았던 것인지도 생각해 봐야 한다. 대부분 받아들이고 싶지 않아 떠나는 경우가 많기 때문이다.

회사의 크기와 관계없이 형성되어 있는 분위기는 존재한다. 사람들이 모여 이루어진 곳이기에 분위기는 제각각이다. 몇 명 안 되는 회사지만 엄격한 규율과 체계를 중시할 수 있고, 직원들이 몇백 명 되는 회사지만 각자의 스타일에 맞게 해야 할 일을 처리하면 그만인 곳도 있다.

조직 자체도 크고 작은 사건들과 시간의 흐름, 사회적 분위기, 경영진의 변화 등 다양한 변수들이 합쳐져 [조직의 틀]이 만들어지고 지금까지 존재하게 되며 조금씩이나마 변화하고 있는 것이다. 그것은 누가 정해 놓은 것에 의해 시작되었을 수도 있고, 겪다 보니 자연스레 생겨난 부분들도 존재할 것이다. 또, 크고 작은 진통들을 겪으며 바뀌어 온 것이고, 시간이 지나도 지켜지는 전통 같은 것일 수 있다.

그렇다면 회사에 입사하거나 어느 조직에 속하게 된다면 [조직의 틀]의 문제에 대해서는 '그럴 수 있음'을 인정하고 받아들일 수 있어야 하는 것은 아닐까?

내가 생각하고 이해하려는 방식이 다른 사람에게 맞을지 모르겠지만, 나는 후배가 들어오면 사회생활을 처음 해 보는 사람이나 다른 직장을 다니던 사람이나 관계없이 먼저 겪어 본 선배로서 이런 말을 한다.

"왜?'라는 의문점을 갖지 말고, 적어도 6개월 동안 이곳의 분위기를 봐라."
즉 '왜 그런 것일까?'가 아닌 '왜 이래야 하는데?'라는 저항심과 반항심을 갖지 말고 조직의 문화를 보라는 것이다. 내가 조직의 문화를 받아들이는 것이 힘들었기 때문에 후배들은 힘들지 않게 적응하길 바라는 마음에서 이야기하지만 어떻게 받아들였는지는 알 수 없다.

자신이 가진 생각의 틀보다 강하게 작용할 수 있는 [조직의 틀], 여러 생각의 틀을 통제하기 위한 [조직의 틀]이 있을 수 있고, 여러 생각의 틀이 조화를 이루기 위해 서로가 지내오며 자연스럽게 형성된 [조직의 틀]이 있을 수 있다. 물론 [조직의 틀]이 잘못된 곳도 있을 것이다. 하지만 그 조직에서는 그것이 맞는 것일 수 있다. 그곳은 그렇게 지내 왔기에 조직이 유지돼 온 것일 수 있다. 물론 폭력과 추행, 착취와 억압 등 법과 도덕적인 부분에 문제가 없다면 그곳의 문화는 다를 뿐이지 틀린 것은 아니다.

혹시 지금 직장을 떠날 생각을 하고 있다면, 그 이유가 조직의 분위기로 인한 것이라면, 한 번쯤 자신의 생각의 틀을 내려놓고 [조직의 틀]을 인정해 보는 것은 어떨까?

❺
[생각의 틀]
결정의 번복

누구나 매 순간 크고 작은 결정을 하며 살아간다. 그 결정이 단 몇 초, 몇 분 만에 잘된 것인지 잘못된 것인지를 알 수 있는 경우가 있고, 며칠, 몇 달, 몇 해를 거쳐야 판단할 수 있는 경우도 있다.

그 결정은 결정 자체만으로 결과가 돌아오는 것은 아니다. 예측 가능 또는 불가능한 요소가 뒤엉켜 돌아올 때도 많다. 그렇다고 매 순간 모든 결정에 전전긍긍하며 살아갈 수도 없고, 나의 결정과 관계없이 뒤엉키는 변수를 걱정하며 힘들게 살 수도 없다. 그렇지만 결과로써 결정에 대한 평가가 이루어지다 보니 결정 자체에 대한 고민이 아닌 평가될 결과에만 집중하여 결정이 이루어지곤 한다.

조직을 이끄는 리더가 "A로 합시다!"라고 이야기하였고, A로 진행해 나가는 과정에서 많은 사람이 "B로 해야 하는 것 아닙니까?"라고 반문을 제기하였을 때 "A에서 B로 바꿉시다!"라고 이야기할 수 있는 리더가 과연 몇 명이나 될까?

리더가 A를 계속 진행하면 '저 사람은 독단적인 사람이다', '자기 생각밖에 없는 사람이다', '고집만 있는 사람이다'라는 이야기를 듣는 것이 두려울 것이고, B로 변경한다면 '소신이 없는 사람이다', '우유부단하다', '남들이 하자는 대로 하는 허수아비다'라는 비판을 받을 수 있다.

다행히도 A라는 결정을 바꾸지 않고 좋은 결과가 나온다면 '자신이 결정하고, 소신이 있게 행해 온 결과'라 생각할 것이다. B라는 결정으로 바꾸었다면 더 좋은 결과가 있을지 모르는 것에 대해서는 굳이 생각하지 않고 A의 결과만을 놓고 평가할 것이다.

반대로 A에서 B라는 결정으로 바꾸어 좋은 결과가 나왔다면 "많은 사람의 의견을 경청한 결과이다"라고 말하겠지만, 자신이 생각했던 A로 하였으면 더 좋은 결과가 있었을 것이라고 아쉬워할 수 있다.

무엇이 되었건 누구의 공이든 간에 좋은 결과는 좋은 마무리가 될 수 있겠지만, 결과가 좋지 못해 조직이 붕괴하거나 없어지는 결과를 초래했다면 어떠했을까? 온전히 자기 뜻대로 A를 지지해 주지 않은 조직원의 문제라 생각하거나, B라는 의견 제시를 한 것에 대한 원망과 책임 전가에 급급할 것이다.

이처럼 우리는 결과가 좋고 나쁨에 따라 결정의 잘잘못을 판단해야 하는 것일까? 목표는 좋은 결과를 내는 것이기에 결과가 나오기 전까지는 결정을 여러 번 수정하는 일이 있더라도 좋은 결과를 만들기 위해 번복하는 일도 필요한 것은 아닐까?

자신의 삶에 대한 결정도 마찬가지다. 학교·직업·직장, 연애·결혼 등을 선택할 때도 소신이 있을 때와 번복하고 다시 결정해야 할 때가 있다. 목표는 분명 행복한 삶, 성공한 삶인데 자신의 선택을 의심하고 싶지 않거나, 다른 사람의 말에 좌지우지되는 것이 싫다거나, 자신의 소신이 없는 것처럼 보여 자존심이 상해 잘못된 결정임을 알면서도 좋은 결과가 나오길 바라며 끝까지 밀고 나가고 있는 경우가 있지 않은가?

  신중하게 판단하고 결정하여 진행하고 있는 일이 있을 때, 자신의 판단과 결정이 잘못되었다는 것을 느끼며 스트레스에 시달리면서도 주변의 시선을 의식하거나 평가에 신경이 쓰여 결정을 번복하지 못하고 안 좋은 결과를 가져온 적은 없는가? 안 좋은 결과가 나온다면, 적극적으로 자신을 말리지 않았던 주변 사람들을 원망해야 할까? 아니면 온전히 자신의 결정을 믿을 수 없게 만든 주변 사람들을 탓해야 할까?

  자신의 결정이 잘못된 것이라 의심이 되면 의심해야 한다. 그리고 그 의심이 의심으로 끝날 것인지, 결정을 번복할 만큼의 큰 요소인지를 다시 판단하고 되짚어 보아야 한다. 그것은 주변 사람들의 시선과 평가보다 자신의 삶이 더 소중하기 때문이다.

  우리가 가진 **생각의 틀**은 예상외로 타인의 시선과 평가에 더 많은 영향을 받는다. 자신의 의견을 지지하거나 응원하는 쪽만을 취하여 자신의 결정에 확신을 얻고자 하며, 자신의 의견을 반박하거나 의심하는 영향은 차단하거나 무시하며 자신의 결정을 단단히 한다.

  이처럼 자기주장에 빠져 현실적인 '예측'보다 이상적인 '기대'로 자신의 결정을 고수하고 있다면 며칠, 몇 달, 몇 년 후에 지금의 이 시간을 후회하게 되지 않을까?

❻
[생각의 틀]
상대적 평가

    각자 하는 일이나 생각, 행동 등을 자세하지 않지만 스스로 나름대로 평가하고 있다. 자신이 잘 살고 있는지, 자기 생각이 잘못된 것은 아닌지, 행동들은 적절히 이루어지고 있는지를 말이다.

    이런 평가로 생각의 틀은 긍정적으로 변할 수도, 부정적으로 변할 수도 있다. '내가 잘 살고 있다'라는 생각이 들면 하는 일이나 행동에도 좋은 의미를 부여하며 긍정적으로 이끌어 나갈 수 있지만, '내가 잘 살고 있나?'라는 의문이 들면 회의를 느끼며 무기력에 빠지거나 우울증이 찾아올 수 있다.

    내 생각이나 행동들에 대해 다른 사람이 어떻게 생각하든 관계없이 '인생은 그냥 살아가는 것이다'라고 믿으면 굳이 평가라는 것에 의미를 두지 않게 된다. 하지만 대부분의 사람들은 철학적 가치나 사상이 없어도 자신에 대해 평가하고 반성하며 더 좋은 모습의 '나'를 만들고자 노력한다.

    그렇기에 우리의 생각의 틀은 평가라는 잣대를 나에게 어떻게 적용할 것인지에 대해 고민해야 한다. 특히 직업과 관련하여, 하는 일이나 하고자 하는 일을 평가한다면 필요한 재능이나 능력을 갖추고 있는지에 대한 기준이 본인을 중심으로 평가한 것인지, 사회의 상대적 기준을 적용하여 평가하고 있는지 생각해 봐야 한다.

A라는 사람은 음악을 좋아하고, 노래를 잘 부르는 것이 현재까지 발견한 A의 재능 중 가장 뛰어난 것이라 가정해 보자. A는 자신의 재능들을 본인 중심으로 평가하여 '자신이 가장 잘할 수 있는 것'이라 판단할 수 있다. 그래서 A가 음악을 즐기며 노래를 하는 것은 A 자신의 능력을 최대한 발휘하는 것이다.

하지만 음악을 더 잘 만들고, 노래를 더 잘 부르는 사람들로 형성되어 있는 사회의 상대적 기준으로 평가하였을 때 A가 자신을 부족하다 느낀다면 계속해서 음악과 노래를 할 수 있을까? 또, A가 가진 음악적 재능을 다른 누군가의 재능과 비교하고 있다면 계속해서 음악과 노래를 즐길 수 있을까?

이처럼 다른 사람과 비교하는 사회적 상대평가는 새로운 무엇인가를 시작하려 할 때 주저하게 만드는 요인 중 하나다. 다른 사람들의 평가가 같은 일을 하는 다른 누군가보다 본인이 더 뛰어나다고 판단이 들 때만 시작하려 하고, 그렇지 않다고 느껴질 때는 무의미하고 부질없다 여기며 시작하는 것을 주저한다.

내 주변에 PC를 잘 고치고, 조립도 잘하는 친구가 있다. 어려서부터 PC를 다룬 덕분에 부품 교체에 대한 원리도 알고, PC를 사용하면서 발생하는 문제를 거침없이 해결해 '컴퓨터 수리 전문가'라는 별명을 갖고 있다.

평범하게 회사에 다니던 그 친구는 무료함을 느끼고 있었고 새로운 것을 찾고 있었다. 그때 그 친구가 잘하는 것을 활용하여 새로운 것에 도전할 방법이 생각났다. 그래서 PC를 고치는 방법, 부품들에 대한 간단한 설명, 저렴하게 업그레이드하는 기술을 영상으로 만들어 유튜브나 블로그에 올려 보라고 권하였다.

하지만 그 친구는 자신보다 PC를 더 잘 고치는 사람이 많고, 이미 많은 사람이 영상을 만들어 배포해 놓았기에 콘텐츠는 포화상태라 부적합하고, 자신에게는 그만큼의 전문적 지식도 부족하다고 생각해서 하지 않았다.

그 친구의 의견대로라면 이미 포화한 콘텐츠와 새로움이 없는 영상을 만드는 것이 무의미할 수 있다. 그것이 영상 재생을 통한 수익이나 블로그에 리뷰를 작성하며 물품 지원을 받는 광고를 따기 위해서라면 더더욱 의미가 없다. 하지만 새로운 것에 대한 시작과 자신의 능력을 활용하기 위해서라면 도전해 볼 만한 가치가 있는 것은 아닐까?

그 친구가 가진 재능들을 상대적으로 평가하였을 때, PC를 잘 고치는 것이 좋은 재능임에도 그것을 활용하지 않는 것은 사회의 상대적 기준으로 자신의 재능을 평가 절하하였기 때문이다. 생각의 틀에서 자신을 기준으로 평가하지 못해서이다. 그래서 부질없다는 결론으로 끝나고 만 것이다.

지금 하는 일에 대해, 새롭게 시작하려는 일에 대해 자신의 능력이나 적성 등을 평가하고 판단하고 있다면 '현실적으로 생각한다'라는 이유로 사회적인 기준의 상대평가를 하기보다는 자신이 가진 재능을 새롭게 개발하거나 지금 가진 재능의 확신을 통한 자기계발이 필요한 것은 아닌지 고민해 보자.

생각의 틀에 '특정' 평가를 가하여 새로운 것을 얻거나 지금의 재능을 인정하는 것은 자존감 회복과 자기애를 키우는 데 좋은 방법이다.

오늘도 황구를 만났다.
황구는 오늘도 자신의 임무를 다하기 위해
들어오는 차를 향해 짖고
그 임무가 주인을 위해 행해지며 경계를 소홀히 하지 않는다.

황구는 자신이 지키고 있는 철문으로
들어오는 차와 나가는 차를 피해 살짝 비켜 앉는다.
그리고 누군가가 주인에게 말을 걸면 짖고,
이전에 맡았던 냄새라면 반가워서 짖고
출입구에 자신이 있음을 알리며
조심하라는 듯 짖으며 경계를 한다.

나도 누군가를 만나게 되면 일단 경계하며 조심하게 된다.
그리고 나에게 즐거움을 주는 사람이라면 웃고,
좋지 않은 기운을 느끼게 되면 피한다.
나에게도 감정이 있음을 알리며
조심히 대하라는 듯 말하며 경계했었다.

언제부터인가 진심이란 명목하에
모든 경계를 풀고 누군가를 대하거나
늘 마음이 열려 있고, 따듯하고,
편안한 사람이란 인식을 주기 위해
'경계하는 것'을 나쁜 것이라 규정하고, 하지 않았다.
그래서 마음을 주었다가 상처를 받는 경우가 허다했다.

황구는 여러 번 맡은 냄새지만
경계를 풀지 않고, 짖고 있는 것일 수 있다.
그것은 주인을 위해 또는 자신의 임무를 다하기 위해
다른 누군가에게 호의를 얻으려는 것을
포기하는 것일지 모른다.

나는 황구의 지혜가 필요하다.

누군가의 관심과 사랑을 받기 위해 경계를 풀기보다
좋은 사람이란 이미지를 주기 위해 노력하기보다
내가 원하는 삶과 해야 하는 일을 위해
누군가에게는 나쁜 사람, 냉정한 사람, 정 없는 사람이 돼야 한다.

— 《시답지 않은 이야기》 황구 편 中

3장

감정

❶ [생각의 틀]이 물들다
❷ [생각의 틀] 탄성화
❸ [생각의 틀] 연애
❹ [생각의 틀] 전염
❺ [생각의 틀] 표현
❻ [생각의 틀] 필요성

1

[생각의 틀]이
물들다

생각의 틀에 가장 빠르고 순간적으로 적용되는 것은 '감정'이다. 감정은 즉각적으로 느끼며, 조절하면서 받아들이기가 쉽지 않다. 그렇기에 감정 상태가 좋다는 이유로 판단의 실수가 발생할 수 있으며, 감정 상태가 좋지 않아 크게 생각하지 않아도 되는 부분을 스트레스로 남기는 경우가 있다.

비교적 일관적으로 생각하고 행동하게 되는 생각의 틀은 가치관이나 경험, 교육 등을 바탕으로 한다. 이러한 결정과 판단은 원하고 바라는 인생이나 이루고 싶은 목표와 같은 큰 결정이 필요한 부분에 많이 작용할 것이다. 그러나 이 부분에 감정이 많이 작용하는 사람은 생각의 틀이 변해 가는 모습이나 바라보는 관점, 생각하고 행동하는 것에 더 큰 영향을 준다.

갑자기 경제적으로 큰 어려움이 생기면서 매사에 의기소침하고 우울하게 지내던 내 모습을 보고 친구가 던진 말이 있었다.

"넌 왜 생각하는 게 그 모양이냐?"

큰 어려움 없이 유년기와 청소년기를 보냈고, 누구보다 긍정적이고 밝은 사람이던 내 모습은 어디에도 없었다.

'아침에 운동 나가면 좋은가? 혹시나 사고로 다치거나 죽으면 그만인 거 아냐?'

'돈 벌면 뭐해? 어차피 부잣집에 태어난 애들보다 힘들게 살아가는데….'

'사람들 자주 만나면 뭐해. 비교만 돼서 더 답답하게 느껴지는데….'

모든 생각의 바탕에는 부정적인 감정이 짙게 깔려 있었고 그것을 토대로 현실을 바라보았다. 무엇을 하는 것도 싫었고, 무엇을 해내는 것도 불가능해 보였다. 모든 것이 부질없어 보였다. 그렇게 힘들어하는 내게 "힘내"라는 말보다 "술이나 한잔 사줄게"라는 말이 더 좋았다. 내 생각의 틀은 꽈배기처럼 꼬여서 모든 것에 시비를 걸었다. 온통 부정으로 물들어 버린 생각의 틀이 나를 회의론자로 만들어 버린 것이다.

'이러면 어때? 저러면 또 어때? 그게 뭐 큰일이야? 안 하면 안 돼? 해서 뭐해?'

부정적으로 물들어 버린 생각의 틀이 '무엇인가를 하겠다'는 의지도, '해보겠다'는 도전도 무의미하다고 판단했기에 무조건 거부하고 저항했다.

'사회 나가면 어느 대학을 나오든 토익이 몇 점이든 별로 안 중요할 텐데 그거 뭐 하러 공부해?'라고 생각해서, 자신이 원하는 대학을 위해 시간을 투자하거나, 토익 점수를 높이기 위한 노력을 해 보지 않았다면, 주어지는 기회에 자격조건 미달로 지원서 한 장 제출해 보지도 못하고 끝나는 것이다.

대학교의 졸업장과 토익 점수가 필요하지 않은 분야로 직업을 선택하는 사람이라면 관계없겠지만, 자신이 원하는 분야가 대학의 졸업장과 토익 점수를 필요하다는 '조건'과 '명분'이 있다면 소홀히 해서는 안 된다. 그 조건과 명분이 탐탁지 않다면 불평과 불만을 품는 것이 아니라 포기하고 과감히 돌아서야 한다. 이렇게 부정적으로 바라보는 것은 생각하고 판단하는 모든 영역에 감정이 큰 영향을 주기 때문이다.

그렇다면 긍정적인 생각의 틀로 보면 다르게 볼 수 있지 않을까?
하고자 하는 일에 얼마큼의 도움이 될지 모르겠지만 분야마다 요구하는 자격증이나 면허증이 존재한다. 단지 스펙을 채워 놓기 위한 자격증도 있지만 필수적인 면허증을 가지고 있어야 하는 분야가 있다.

자격증 공부를 할 때도 정석과 요령이 있다. 시험에 어떻게 대비를 해야 하는지 찾아보고 준비하는 것이다. 그 과정에서 100% 모든 지식을 알기 위해 공부하는 것인지, 시험에 합격하는 데 필요한 요소들만 공부해야 하는지를 판단할 수 있게 된다. 어떤 부분이 중요하고 무엇을 묻고자 하는 건지 파악할 수 있게 된다.

이렇게 자격증 취득 안에서 목표를 설정하고 준비하는 방법을 생각하며 시험을 위해 시간을 투자하는 등 '과정' 자체에 대해 배울 수 있고 경험을 쌓을 수 있다. 이런 과정에 대한 경험은 다른 목표가 생겼을 때 대비할 수 있게 만들어 준다.

편의점 아르바이트를 하면서도 이 가게의 위치와 주변 환경이 매출에 어떤 영향을 주는지, 어떤 사람들이 오고, 어떤 물건들을 사 가는지, 매장에 들어오는 물건들은 언제 어떻게 들어오고 정산되는지, 어디에 어떻게 배치를 했던 것이 잘 팔렸는지, 어느 시간대에 사람들이 있고 없고를 판단해서 내 시간은 얼마큼 활용할 수 있는지 등 다방면으로 배울 수 있을 것이다.

편의점 아르바이트하면서 이런 것까지 생각해 볼 필요가 있는지에 대해 의문이 드는가? 편의점을 할 사람이 아니라면 이런 생각들이 필요하지 않은 것일까?

정말 신기하게도 이전의 다른 분야의 경험이 지금 하는 일에 활용되는 일도 생긴다. 전혀 연관성 없을 것 같은 경험이 지금 하고자 하는 일에 적용되기도 하며, '무의미한 일만은 아니었다'라고 느끼는 순간이 있다. 우리는 그것을 가볍게 인지하고 아무 일 없이 잘 넘어갔기에 크게 생각하지 못하고 자세히 기억하지 못하는 것이다.

자신의 생각의 틀이 전체적으로 긍정적인지 부정적인지 생각해 보자. 자신은 부정적이지 않다고 하지만 부정적일 수 있고, 긍정적으로 알고 있었지만 긍정적이지 않을 수 있다. 물론 어떤 모습이 긍정이고 부정인지를 판단하는 기준은 없다. 그리고 지금까지 어떤 감정 상태로 살아왔는지 다 파악할 수도 없다. 생각의 틀이 변화하듯 감정 상태도 수시로 변하기 때문이다. 아침에 생각했던 기준과 저녁에 생각했던 기준이 다르며, 화장실 들어가기 전과 다녀온 후의 기준도 일정하지 않다.

하지만 하루에 발생하는 사건에 대해 긍정적으로 바라보고 행동했는지, 부정적으로 바라보고 행동했는지를 생각해 보면, 지금까지의 인생이 긍정적이다, 부정적이다 정의 내릴 수는 없어도 어떠하다는 진단 정도는 가능하다.

긍정과 부정의 모습을 갖는 분야와 대상이 다를 수는 있지만, 자신도 모르는 사이에 전체적인 부분이 부정적일 수도 있다. 부정적인 부분이 쌓이다 보면 게으름과 무기력이 찾아오는 경우가 많다. 무엇을 해도 의미가 없으니 안 하게 되고, '해도 안 된다'라는 생각들이 쌓이며, 부정적인 생각의 틀을 강하게 만들게 된다.

생각의 틀이 부정적이라는 생각이 들고 개선해야겠다는 의지가 있다면 우선 원인은 무엇인지를 돌아볼 필요가 있다. 분명히 자신이 살아온 과거 속에서 부정적으로 변하게 된 이유나 사건들을 발견할 수 있다.

시간이 지나면 객관적인 입장이 되기 때문에 원인을 발견하고 인정할 수 있는 경우가 많다. 지난날의 화려한 영광의 시간을 그리워하며 되돌아가고 싶은 마음을 갖는 것보다 추억하는 방식으로 바꿀 수 있다. 또 지워지지 않을 것 같던 아픔의 기억을 돌이킬 수 없다며 원망하는 것보다 그 기억이 아팠고 슬펐다는 것을 인정하고 잘라내는 방식으로 분리할 수 있다.

그 시간과 경험들의 결과로 지금의 생각의 틀이 만들어진 것을 인정하자. 그리고 생각의 틀의 감정적인 부분이라도 바꿀 수 있다는 것을 믿고 의미를 부여해 보는 시간을 갖는 것은 어떨까? 자신과 마주하며 천천히 이야기해 보면 지금의 내가 미래의 나를 위해 생각의 틀의 감정적인 부분을 어떻게 구성해야 할지 알게 될 것이다.

❷ [생각의 틀] 탄성화

자신의 감정 관리는 중요한 요소 중 하나이다. '감정을 관리한다'라는 말은 장소와 상황, 상대방에 맞추어 조절할 수 있어야 한다는 말과 같다. 그것이 인간관계 및 집단생활에서 원만한 상태를 유지하는 데 큰 역할을 하기 때문이다.

이전에는 '감정을 표현한다'라는 것 자체가 '미성숙하다'라는 이미지였고 잘못된 것이란 인식으로 표현하기를 꺼렸다. 하지만 요즘은 감정을 표현하는 것에 대한 중요성과 감정에 대해 대화를 나누는 방법 등 효과적인 감정 표현에 대해 사람들의 관심이 많아졌다.

나도 조금만 마음에 들지 않는 일이 생기면 얼굴이 붉어지거나 불평과 불만이 가득한 표정으로 바뀌곤 했다. 갑자기 행동이 거칠어질 때도 있었고, 상대방에게 불쾌하다는 감정을 표정과 행동으로 표출하였다. 이러한 표출은 주변 사람들에게는 불편함으로 작용하였고, 내 기분에 따라 행동하는 '이기적인 사람'이란 꼬리표를 달게 만들었다.

나는 감정에 대해 표현하는 방법이 성숙하지 못하였고 감정을 처리하는 방법이 잘못되었음을 인지하였다. 그래서 이를 해결하기 위해 이런저런 방법을 찾아보았다. 그리고 생각의 틀에서 어떻게 그 감정을 받아들이고 인지했는지, '감정 처리'에 대해 깊이 고민했다. 그리고 나에게 맞는 것 같다고 생각하는 방법을 찾아 지속적인 수련(?)을 하였다. 그것이 바로 생각의 틀의 '탄성화'다.

 탄성이란 외부 힘으로 변형된 물체가 외부의 힘이 제거되었을 때 원래의 모양으로 되돌아가려는 성질이다. 이것을 생각의 틀에 적용하여 온전한 상태의 마음(원래의 상태)을 유지하기 위해 좋은 감정(외부의 힘)이든 나쁜 감정(외부의 힘)이든 0으로 받아들이려 했다. 나의 의지와 관계없이 발생하여 전달되는 외부의 힘을 제거하는 방식은 받아들이는 것을 조절하는 방법밖에 없었다.

 생각의 틀을 탄성화하여 좋은 감정도 금방도 지나가게 내버려 두고, 나쁜 감정도 금방 지나가게 하여 평상시의 모습을 평온하게 유지하며 감흥을 갖지 않기로 한 것이다. 좋은 감정이 생기면 '아, 좋구나' 하고 끝. 나쁜 감정이 생기면 '아, 나쁜 감정이 생겼구나' 하고 끝. 이렇게 감정에 변화를 주는 사건이 있었음을 인지만 할 뿐 그 사건과 관련하여 부수적인 나의 감정을 덧붙여서 부풀리지 않았다.

 좋은 감정을 계속 끌고 가다 보면 흥과 즐거움에 도를 넘어 실수하는 경우도 있고, 나쁜 감정을 계속 끌고 가다 보면 평상시 아무렇지 않았던 문제에 대해서도 기존에 가지고 있던 불평과 불만을 끌어와 더 크게 받아들이며 화를 내는 경우가 있기 때문이다.

 이러한 탄성화로 인해 감정이 조금씩 무덤덤해졌다. 정치권의 쟁점, 다른 사람들의 연애사, 회사의 분위기도 내 관심 밖으로 몰아내며 오롯이 내 감정을 건드리는 일 없이 무난히 지나가기만 바랐다. 누가 화를 내도, 새로운 곳에 가게 되어도, 누군가를 만나는 일 등 새롭게 생긴 일에 빠져들어 혼란을 겪고 힘들어하는 것보다 편안하게 나 자신을 지키는 것이 좋다고 믿었다.

내 방법이 극단적일 수 있지만 불평과 불만으로 삶을 사는 것보다 몇 배는 더 행복하다고 생각했다. 스트레스도 덜 받았다. 무엇을 사고 싶다는 소유욕도 줄어들고 무엇을 하고 싶다는 욕구도 줄어들었으며, 지금 내가 하는 일들에 만족하며 살아가는 것이 나를 지키는 깨우침이라 믿었다.

하지만 문제도 발생하였다. 감정을 절제한 탓에 감정과 감성을 잃어버렸다. 그 순간의 즐거움이나 슬픔에 빠져들지 못하게 된 것이다.

'감정을 잃었다'고 느낀 것은 누군가와 다투면서 나에게 분명 상처가 될 말임에도 무시로 일관하게 되었다거나, 만나던 사람과 이별하거나 친하게 지내던 인연이 끊어지는 일을 겪으면서도 무덤덤하게 받아들였다는 것이다.

또 고마웠던 친구들에게 대접하는 자리를 정성스레 준비하고 무사히 끝났음에도 즐겁지 않았다. 부모님께서 큰마음 먹고 선물해 주신 값비싼 점퍼를 받고도, 매일 들고 다니던 휴대폰을 잃어버렸어도, 자격증을 취득했어도, 좋아하는 여자에게 고백했다가 차였어도 모든 것이 무덤덤했다.

'감성을 잃었다'고 느낀 것은 아름답고 감동적인 영화를 보아도, 경치가 좋은 여행지를 가도, 분위기 있게 커피 한잔 마시며 음악을 들을 때도, 가슴 따뜻한 뉴스를 보아도 무덤덤했다는 것이다.

생각의 틀에서 감정적인 부분을 과하게 절제하려다 보니 생긴 결과다. 절제해야 한다는 강박감이 만든 잘못된 생각의 틀일지도 모른다. 지금은 내 방식이 틀렸다는 것을 인지하고 새롭게 조절하기 위해 다른 노력을 하고 있다. 온전한 평온함에 대해 기준을 다시 세우고, 내가 겪고 알게 된 경험적 요소로 무엇을 취하고 무엇을 버릴지를 조정하고 있는 단계이다.

모든 것을 물 흐르듯 조용히 흘려보내는 것만이 좋은 방법이 아닐 수 있다. 파도처럼 몰아칠 때도 있어야 하고 소나기처럼 갑자기 내릴 때도 있어야 '살아 있다!'라고 말할 수 있는 것 같다.

'무엇을 해도 감흥이 없다'고 느끼는 사람이 있다면 그것은 자신을 온전한 상태로 지키기 위해 만들어 온 생각의 틀이 강하게 작용하고 있어서일지 모른다. 작은 것 하나하나에 반응하는 것이 불필요한 걱정과 불만들을 만들 수는 있지만 살아가며 생기는 모든 일이 무덤덤해 보인다면 문제가 되지 않을까?

❸
[생각의 틀]
연애

한번은 평범하게 살아가는 고민녀를 만났다. 이야기하는 동안 그녀에게 끊임없이 카카오톡 메시지가 왔다. 그녀는 현재 남자 친구가 없는 상태로, '진짜 사랑이 하고 싶다'는 것이 고민이라고 했다. 나는 고민을 해결해 주는 해결사도 아니고, 개인적으로 가장 약한 분야가 연애이다 보니 그냥 들어만 줄 수 있었다.

고민녀는 휴대폰의 대화 내용을 보여 주며 "이것 보면 알겠지만, 남자들은 그저 달려들기만 해. 뻔한 말들을 하면서 사귀자고 하는데 어이가 없어"라고 말했다.

가만히 내용을 들여다보니 그녀도 상대방 남자에게 호감이 있음을 보이는 말을 해 가며 밀고 당기기를 즐기는 듯해 보였다.

"대답한 내용을 보면 마음이 전혀 없어 보이는 건 아닌 것 같은데?"

그러자 그녀는 다른 남자들과의 대화 내용을 보여 주며 한 명이 아닌 다수를 향해 그냥 흘리는 반응이라고 말했다. 왜 이렇게 많은 남자들에게 희망 고문하듯이 밀고 당기기를 하느냐고 물었더니 '외로워서'라는 답이 돌아왔다.

5년 동안 사귄 남자친구와 헤어진 후 누군가와 이야기하고 있지 않으면 외롭다는 생각이 많이 들어, 이렇게 말이 끊어지지 않도록 여러 사람과 대화를 나누는 것이라고 했다.

"그럼 동성 친구들하고는 어떻게 지내?"라고 물었더니 자신과 놀아 주지 않는 것이 섭섭해 싸웠다는 대화 내용만 보여 주었다.

집에 돌아오는 내내 여러 생각이 들었다. 누구나 겪는 이별이라 생각했지만, 무엇이 그렇게 그녀를 괴롭히고 있는지 알고 싶었다.

상대방이 좋아서 자신의 생활과 행동들을 그 사람과의 연애를 기준으로 생각의 틀을 다 조정하고, 그 조정된 생각의 틀이 이별을 만났을 때는 원래의 생각의 틀로 재조정되는 것이 아니라 '슬프다', '괴롭다'는 감정으로 채워 놓고 그 시간에 머물러 있는 것은 아닐까?

생각의 틀에 연애라는 개념이 본인을 중심으로 구성된 것이 아니기에 '나'는 없고 '상대방과의 관계 속에 나'를 중심으로 존재한 것은 아닐까? 사랑하는 사람과의 관계를 잘 유지하기 위해서는 서로가 맞추어 가는 것도 중요하지만, '나'를 위한 시간과 생활이 존재했어야 하는 것은 아닐까?

계속되는 만남과 헤어짐에 '연애는 결국 뻔하다'라는 부정적인 시각을 갖게 된 것은 아닌지, 이러한 부정적인 감정이 주변 친구들을 바라보는 관점에도 영향을 주어 '의리 없는 것들'이라고 생각하며 행동하여 주변 관계도 망치고 있는 것은 아닌지, 또 한순간에 없어진 빈자리를 대체하기 위한 수단으로 여러 남자와의 의미 없는 대화를 하고 있는 건 아닌지 생각해 봐야 할 것이다.

우리는 TV 드라마 속에 사는 것이 아니다. 매일 밤 술로 지새우고, 슬퍼하며 울고, 밥도 먹지 않고, 과격하게 책상을 뒤엎고, 본인이 망가지면 상대방이 알아주고 돌아오는 스토리 속에 살고 있지 않다. 그렇지만 본인이 겪는 상황을 드라마로 착각하며 자신을 망가트리는 경우를 종종 본다. 본인의 행동이 부질없음을 인지하였을 때는 이미 잃은 것도 있을 것이고 잃게 될 것도 있을 것이다.

누군가와의 이별, 헤어짐에 대처하는 우리 모습은 어떠할까? 어쩌면 그냥 슬픔 속에 있고 싶을지 모른다. 길을 지나가다 슬픈 노래를 들으면 눈물을 흘려야 할 것 같고, 그 눈물이 볼을 흘러도 닦지 않고 있어야 할 것 같다. 이것은 우리가 TV 속 드라마에서 학습된 생각의 틀이 이별 장면을 연출하고 있는 것이다.

누군가는 다시는 사랑을 하지 않을 것처럼 말하기도 한다. 주변 사람들에게 위로해 달라고 나의 이별을 광고하고 있는 것인지 모른다. 진짜 사랑했기에 죽을 것처럼 아파서 슬프고 힘든 모습으로 행동하는 것이 자신의 존재와 지금까지 쌓아온 것까지 흔든다.

감정에 큰 상처가 생겨서 이성적일 수 없을 때도 있겠지만 적어도 최소한의 선은 지켜야 그 상처가 아물어 갈 즈음에 후회가 덜하지 않을까?

슬픔으로 물들어 있어야 할 것 같은 생각의 틀이 정상적으로 행동할 수 있음에도 불구하고 슬픈 모습으로 조정하려는 느낌을 받는다. 이별로 인해 슬픈 것이 부모님 또는 아무 관련 없는 사람들과 만남에서도 작용하고 있을지 모른다.

이상하게도 세상은 그대로다. 내게는 무너진 것 같은 세상이지만 다른 사람들에겐 어제와 똑같다. 그런데도 세상이 달라 보이는 것은 자신의 생각의 틀이 이별의 감정에 덮여 모든 것을 슬픔과 아픔, 그리움 등으로 바라보고 있기 때문인지도 모른다. 내 생각의 틀만 감정으로 덮였을 뿐인데 모든 것이 다르게 보이는 것만큼 무서운 것은 없다.

이별 후 정해진 행동이란 존재하지 않는다. 아프면 아픈 것이고 답답하면 답답한 것이다. 하지만 자신의 불안전한 감정으로 덮인 생각의 틀에서 행동하는 것이 나중에 큰 후회로 남을 수 있음을 알고 있어야 한다. 그렇게 나 스스로가 '지금의 감정'에서 한 발자국 떨어져 위로하고, 아무 일 없는 듯 행동할 수 있다면 조금 더 현명하게 이별을 극복하고 이겨낼 수 있을 것이다.

④
[생각의 틀]
전염

생각은 전달되기 시작하면서부터 변질된다. 그것이 옳게 잘 전달되었다고 생각하지만 그렇지 않은 경우가 많다. 그렇기에 생각의 전달은 편견과 오해를 만들기도 하고, 상대방에 대한 의심을 만들기도 한다. 이것은 자신의 의견과 주장을 이야기하는 것과는 다른 문제이다.

사실에 '어떤 생각'을 더했을 때 생각지도 못한 결과가 나올 때가 있다. 그 '어떤 생각'이 부정적인 감정을 담고 있다면 그 사실은 더 온전하지 못한 상태로 누군가에게 전달된다. 그리고 온전하지 못한 사실보다 부정적인 느낌만 남아서 사실과 비슷한 내용을 듣게 되거나 그 사실과 관련된 사람을 만나게 될 때 반응하게 된다. 그래서 오롯이 나의 기준과 판단으로 받아들일 수 없게 만든다.

이런 부정적인 느낌은 다른 누군가에게 쉽게 전달된다. 그 전달은 인지하지 못한 사이에 온전했던 생각의 틀을 부정적으로 만든다. 그래서 우리는 늘 부정적인 생각과 불평·불만을 하는 누군가가 주변에 있다면 그 사람의 감정으로 인해 같은 불만을 느끼고, 누군가에게 다가가고 싶지 않은 거리감을 느끼게 하는 것은 아닐지 생각해 보아야 한다.

군 시절 좋아하던 선임이 있었다. 평상시에도 물론 착하고 좋았지만, 선임의 진가는 화가 나거나 개인적으로 신경 쓰는 일이 발생하였을 때 나타났다. 선임은 훈련이나 업무로 인해 상급자에게 혼나면 아무 말도 하지 않았다. 여자 친구와 싸움이 있었을 때도 말을 하지 않았다. 평상시에는 지적하고 주의하라고 할 만한 일에도 아무 말도 하지 않았다.

"내가 잘못해서 혼날 경우도 있고 너희가 잘못해서 혼날 때도 있겠지만, 내가 받은 안 좋은 기분을 굳이 다른 사람한테 줄 필요 있어? 밑에 애들 혼낸다고 해서 내 기분이 다 풀리는 것도 아니고…. 여자 친구랑 싸운 건 내 개인적 문제지, 여기 생활까지 끌어들여 예민하게 굴 필요 없잖아?"

그 선임은 안 좋은 기분을 상대방에게 전염시키지 않기 위해 자신을 통제하고 관리했다. 또한, 자신에게 생긴 개인적인 일로 다른 상황에 감정을 끌어들이지 않으려 노력했다.

반대로 자신의 좋지 않은 기분을 여기저기 티를 내고 광고하는 사람도 많다. 주변에 알려 자신의 감정을 해소하는 방법일 수 있겠지만, 그것을 지속하면 이야기를 들어 주는 사람들은 점점 줄어들 것이다.

대부분 이렇게 이야기하는 사람들의 말하기 특징은 사실을 이야기하는 것보다 그 사실에서 느낀 자신의 감정과 평가, 판단, 불만을 먼저 이야기한다. 그리하여 듣는 사람에게 공감을 불러일으켜 대화하고자 하는 것이 아니라 분출하고 있다는 느낌만 받게 한다.

대화를 가장한 분출되는 내용을 듣는 사람은 어떠한 이유, 상황이나 관계 등을 고려하여 몇 번은 듣겠지만, 듣고 난 후 자신의 기분도 엉망이 되는 것을 알게 된다면 점점 듣지 않고 피하려 할 것이다.

이러한 분출이 인간관계에 안 좋은 영향을 주고 있음을 인지하지 못하고 있을 수 있다. 또 자신의 이미지가 '불평과 불만이 가득한 사람'으로 만들어지고 있음을 모를 수도 있다. 계속되는 불평과 불만이 주변 사람들에게 부정적인 느낌을 전달하고 있다는 사실을 자각해야 한다. 가족이기에, 친구이기에, 연인이기에 당신 편에서 이야기를 듣고, 같이 욕을 해 주어야만 할까?

지금의 부정적인 감정이 대다수 사람들이 가질 수 있는 보통의 것인지를 알아보기 위해 말하는 방법을 바꾸어 보는 것은 어떨까? 기분 나쁜 상황이나 사실에 대해 먼저 이야기하고 상대방도 '그 상황이라면 어떠할 것 같았겠다'라는 판단, 더 나아가 공감을 얻은 후 이야기를 진행해 보는 것은 어떨까?

만약 사실과 상황이 상대방의 생각의 틀에서는 다르게 보이거나 다르게 판단된다면, 정말 그 사실과 상황에 화가 나는 이유가 다른 것으로부터 발생한 것은 아닌지 생각해 볼 필요가 있다. 다른 요소들로 발생한 모든 부분을 설명할 수 없기에 같은 회사의 동료와 술 한잔 기울이며 이야기를 나누는 것이 더 많은 공감과 이해를 받을 수 있는 것이다.

분출이 아닌 대화 속에서 내 생각이 편협한 것은 아닌지에 대해 고민하고 생각하며 관점을 넓혀 가거나 감정을 다스리는 방법을 느낄 수 있다면, 서로가 조금씩 발전할 수 있는 의미 있는 만남이 되지 않을까?

내 감정은 오로지 나만 조절할 수 있으며, 그 방향 또한 자신의 선택과 의지로 이루어져야 한다. 그 감정의 통제가 쉽지 않을 만큼의 분노가 쌓인다면 '아! 내 감정 상태가 지금 좋지 않은데, 빨리 잊고 바꾸어야겠다!' 하며 의식적으로 인식해 보는 것은 어떨까? 감정을 의식하고 인식하는 것에 집중하다 보면, 지금의 감정을 연장하거나 증폭시키는 일을 줄일 수 있다.

❺ [생각의 틀]
표현

우리는 감정 표현에 얼마나 관대할까? 그리고 감정 표현을 어떻게 받아들이고 있을까?

의견이 대립하는 상황에서 감정을 먼저 드러내는 사람은 '진(lose)' 사람이라고 생각한다. 그래서 토론이나 회의 자리에서 감정을 표출하는 일, 인간관계에서 감정을 드러내는 일은 창피한 일이라 여겼고, 감정을 절제하는 것이 미덕이라 여겼으며, 절제를 잘하는 사람을 어른스럽다고 생각했다. 감정을 잘 숨기는 사람은 상대방에게 긍정적인 평가를 얻을 수 있기에 감정을 숨기고 감추는 것을 연습하고 노력해 왔다.

이런 분위기 속에서 성장해 왔기 때문에 상대방이 감정을 표현하는 것은 표현이 아니라 표출한다고 받아들이는 경우가 많다. 이는 표현하는 것 자체가 잘못된 것이란 인식을 갖게 된 생각의 틀이 통용되기 때문이다. 그래서 대부분의 사람들이 표현과 표출을 제대로 알지 못하기 때문에 잘못 받아들일 수 있다.

감정을 표현하는 것이 솔직하고 나쁜 것이 아니란 생각의 틀이 통용되었다면, 받아들이는 사람은 표현과 표출을 어느 정도 구별할 수 있고, 상대방이 하는 표현과 표출의 어리숙함을 이해하며 받아들여 줄 수 있지 않을까?

감정적으로 부딪치는 순간부터 상대방이 이야기하고자 하는 바가 중요하지 않고, 지금 상황에서 감정적인 부분까지 이야기를 나누어야 하는지에 대한 여부를 따지거나, '그 말을 할 수 있는 자격'을 평가하거나, 상대방이 해 온 행동, 주변에서 들어 알고 있는 선입견 등을 접목하여 상대방의 논리를 이기려 하거나 무시하고 넘기려는 결과가 발생한다.

감정적으로 이야기를 이끌어 가는 사람은 상대방에게 이해를 바라는 것이 아닌 일방적인 자기감정에 대한 표출을 표현한다고 잘못 생각한다. 그들은 감정을 표현하는 것을 부끄럽게 생각해 왔고, 배운 적도 없기에 실수를 하며 배워 간다고 믿는다. 하지만 표현과 표출을 구분하지 못한 채 자신만의 방법을 고집하거나, 표출과 표현의 경계가 분명한 것도 아니기에 자신이 정한 기준에 의해 표출을 표현이라 생각하며 믿는다.

회의나 토론 중 감정이 흥분되고 적당한 표현이 잘 생각나지 않는다면 "어떠한 부분으로 너무 감정이 격해진 것 같습니다. 그래서 논리적으로 표현을 잘하지 못하고 있는 것 같습니다"라고 양해를 구하는 것은 감정을 표출하는 것이 아니라 표현함으로써 상대방에게 예의를 갖추는 행동이다. 이 행동을 '진' 사람으로 생각하게 하는 분위기나 인식들이 표현을 못 하게 막고 있던 것은 아닐까?

누군가에게 섭섭함을 느낀다면 "이러한 일들에 대해 이런 생각이 들어서 조금 섭섭한 것 같습니다"라며 솔직한 감정을 이야기하고, 오해가 더 커지지 않도록 감정을 표현하는 것이 상대방에 대한 예의일 수 있다.

단지 표현하는 것 자체를 성숙함과 관계 짓는 사람이라면 상대방이 감정을 표현했다는 것 자체만으로도 무시하거나, 대수롭지 않게 받아들일 수 있다. 이런 사람은 자신의 감정 표현도 성숙하지 못한 것이란 생각에 표현하는 것을 안 해 본 사람일 경우가 많다. 그래서 감정 표현의 어려움을 모르기에 가볍게 받아들일 수 있다.

가족, 친구, 애인, 직장 동료 등 수많은 만남 속에서 감정을 표현한다는 것은 어려운 일이다. 매번 진심과 솔직함이란 명목하에 표현하는 것은 자칫 감정을 주체하지 못하는 사람이라 인식될 수 있고, 성숙함과 참을성을 이유로 표현하는 것을 자제한다면 속을 알 수 없는 사람이라 경계 대상이 될 수 있다.

"그래서 기분이 어땠어요?"라는 질문에 한 아이가 "너무 행복하고 기분이 좋습니다"라고 답을 했다. 상대방의 감정을 배려하는 일은 상대방의 감정을 묻고, 듣고, 이해하는 일에서 시작한다. 묻지 않으면 들을 수 없고, 들을 수 없으니 이해할 수 없다.

그런데도 상대방의 감정을 배려하는 일이 적은 건 감정 표현에 대해 우리가 가진 **생각의 틀**이 잘못 인지하고 있기 때문은 아닐까? 그렇게 잘못 인지된 **생각의 틀**에서 감정 표현을 억제하고 통제하기에 잘 표현하는 법도, 잘 들어 주는 법도 모르게 된 것은 아닐까?

중용(中庸)의 마음으로 서로의 감정을 배려해 줄 수 있다면, 표현한 사람과 표현을 받아들이는 사람 사이에 불필요한 감정 대립은 줄일 수 있지 않을까? 대립이나 싸움 같은 부정적인 감정 말고도 행복하고 좋은 감정을 공유하며 느낀다는 것이 진심으로 누군가와 함께하고 있는 것은 아닐까?

❻ [생각의 틀]
필요성

 감정을 전달하는 것은 중요한 일이다. 감정을 전달하지 않아 상대방은 계속해서 나에게 스트레스를 줄 수 있고, 감정을 전달하지 못해 속앓이하는 경우도 많다. 많은 사람들이 개인적 문제는 자신을 달래는 방법밖에 없다고 생각하며 참았다.
 하지만 시간이 지나면서 쌓이고 쌓인 감정들이 잘못된 방식으로 분출되어 사회적으로 큰 문제를 일으키기 시작했다. 그렇기에 우리는 감정 전달의 필요성을 인식하고 서로에게 잘 전달하여 크고 작은 문제에 대처할 수 있어야 한다.

 하나밖에 없는 소중한 나의 여동생은 내 방 안의 물건을 보며 '필요 없다'라는 판단이 들면 나의 의사와는 관계없이 처분한다. 아침까지 함께했던 수면 바지가 저녁에는 어디론가 사라져 버린 적도 있다. 동생은 나의 물건을 잘 버리지 못하는 습관을 알고 있었고, 정리하는 습관이 부족하다는 것을 알았기에 '선의'로 정리해 준 것이다. 머리로는 이해할 수 있지만, 막상 겪게 되면 화가 나기도 한다.

나는 동생에게 왜 버렸느냐고 추궁하고 짜증을 내며 불만을 전달하기보다는 내 물건을 버리는 것에 대한 감정을 전달하였다. 그리고 다음부터는 이야기를 먼저 하고 버리자는 합의점을 제시했다. 오빠와 동생 사이에 이런 생각을 하는 것도 불편하게 사는 것이라 생각이 들 수 있다. 하지만 내가 편해지고자 멋대로 생각하고 말하였다면 선의를 갖고 있던 동생에게 상처를 줄 수 있고 불만을 만들 수도 있을 것이다.

또한, 우리가 감정을 전달하면서 인지해야 할 부분은 감정적 사건 이후의 감정 전달이다.

자신의 생각의 틀은 '화가 나는 감정'이란 요소만 있기 때문에 감정적인 사건 이후에 미안함, 후회, 사과 등을 생각하지 않거나 행동하지도 않는 경우가 많다. 사과는 왜 해야 하는지, 사과가 필요한지 모르는 경우도 많다.

단지 가족이란 이유로, 친하다는 이유로, 나이가 많다는 이유로, 선배라는 이유로, 갑이라는 이유로, 자존심이라는 이유로, 편하게 생각하며 놓치고 있다. 이런 무심함이 상대방에게 더 큰 상처와 부정적인 영향을 준다면 한 번 더 생각하고, 실행해야 할 것이다.

우리가 가진 생각의 틀은 작은 감정에도 아플 수 있고, 말 한마디에도 아픔을 달래며 잊을 수 있다. 다른 사람과 전혀 만나지 않고, 관계를 맺지 않는 사람은 없다. 만나는 수가 적더라도 누군가와는 생활하고 이야기를 하며 세상과 연결되어 있다. 그렇기에 감정 전달이 필요하고, 감정적인 사건 이후에 감정을 나눔으로써 감정이 쌓이는 것을 줄인다면 나를 둘러싼 관계 속에서 더 솔직하고 즐거운 상태로 살아갈 수 있다고 믿는다.

황구는 오늘도 1m밖에 안 되는 짧은 줄에 묶여 있다.
그 줄에 답답해할 수 있고, 그 줄로 인해 안정된 생활을 할 수 있다.
줄이 길었다면 차에 치일 수 있고
줄이 없었다면 길을 잃고 방황하다 생이 끝날 수 있는 것이다.

나도 황구처럼 몇 킬로 안 되는 줄에 묶여 있다.
아버지 어머니의 아들, 여동생의 오빠, 직장의 대리, 친구 등
수많은 역할과 얽혀 있는 관계의 줄이다.

줄이 없었다면 난 무엇을 하며 살았을까?
줄이 없는 삶이 나를 더 행복하게 했을까?
만약 줄이 없어지면 아무 욕심 없이, 걱정 없이 살 수 있을까?

황구가 줄이 없어지길 원하는지 아닌지는 알 수 없다.
단지, 그 안에서 할 수 있는 최대한의 것을 하며 살아갈 것이다.

나도 마찬가지다.
줄이 없어지길 원하면서도 이 줄을 놓지 못하는 건
줄이 주고 있는 안정감을 알고 있기 때문이다.
그리고 이 줄이 나를 유혹에 닿지 않게 하고
타락으로 빨려 들어가는 것을 잡아주고 있는 것이다.

— 《시답지 않은 이야기》 황구 편 中

4장

환경과 상황

❶ [생각의 틀] 기본의 기준
❷ [생각의 틀] 환경에 갇히다
❸ [생각의 틀] 공짜
❹ [생각의 틀] 편견
❺ [생각의 틀] 무리
❻ [생각의 틀] 이기주의
❼ [생각의 틀] 이중적

❶ [생각의 틀] 기본의 기준

자신의 의지와는 관계없이 사회적 분위기에 의해 생기는 생각의 틀이 있다. 그중 하나가 '기본'에 대한 기준이다. 어느 정도에 이르렀을 때가 기본적인 삶이라고 인정하는지는 개인별로 다르며 시대에 따라 변화한다. 그렇게 변화하는 기준을 좇기보다 개인적인 기준을 세우고 이루어 나가는 것을 추구하려 해도 우리가 인지하지 못한 사이에 결국 틀을 벗어나지 못하고 순응하게 되는 경우가 많다.

초·중·고 시절은 내가 좋아하는 것이 무엇인지를 찾는 것보다 좋아하는 것을 하기 위해 기본적으로 갖추고 있어야 하는 교과 성적이나 학벌이 중요시되었다. 자신이 좋아하는 일이 무엇인지 모르지만, 나중에 좋아하는 일을 하기 위해 교과 공부를 열심히 해야 했다. 좋은 성적이 있어야 좋은 대학을 갈 수 있고, 좋은 대학을 나와야 원하는 일을 할 수 있는 자격이 생긴다고 생각했다. 그렇지 못하면 기회조차 주어지지 않는 것이 현실이기 때문이다. 많은 사람들이 기본적이라 생각하고, 누군가를 평가하는 기준은 대게 학벌과 성적이다. 좋은 대학교를 졸업하였다면 그 학교에 가기 위해 열심히 공부한 것으로 여기고, 공부의 재능과 노력을 기준으로 주어진 일을 잘 해낼 것이라 기대하고 짐작하기 때문이다.

다행히도 요즘의 부모들은 맹목적으로 교과 성적에만 집착하지 않고 자신의 과거를 돌아보며 '이런 것이 필요했다!'라는 생각에 다양한 방법으로 자녀를 교육하고자 한다. 그중에는 어려서부터 '영어'를 배워야 나중에 고생하지 않는다고 생각해 일찍 영어를 가르치거나 음악과 운동도 한 가지씩 가르쳐 보기도 한다. 내 자녀의 적성이 무엇인지, 무엇을 잘하고 무엇을 좋아하는지에 대해 알아내기 위해 다양한 방법으로 자녀가 많은 체험과 경험을 할 수 있도록 노력한다.

다양한 자녀 교육법을 찾아보고, 성공 사례들을 보며 따라 해 보고, 내 아이에게는 성적만을 중요시하는 부모가 아닌 적성을 찾아 주고 좋아하는 것을 지원해 줄 수 있는 부모가 되고자 다짐한다. 특별하게 키우고 싶은 마음으로 이것저것 가르치려 노력한다.

그러나 그 과정에서 아이가 보여 주는 반응과 성적, 실력 등을 부모의 틀로 평가하면서 아이와의 갈등이 생기고 불안이 찾아온다. 성과나 실력이 뚜렷하게 보이지 않는다 생각하여 소질이 없다고 평가하는 것은 부모의 틀에서 나온 생각이다. 그래서 다시 안정적이고 평범하게 살아가는 방법을 아이에게 강요한다. 두려움 때문이다. 극소수의 성공 사례처럼 내 자녀도 똑같이 되리라는 보장이 없기 때문이다.

이런 악순환이 이루어지는 것은 내 자식만큼은 나보다 더 좋은 환경에서 살아가기를 바라는 마음 때문이다. 안정적이고 평범한 삶을 위해서는 기본적인 것을 갖추어야 한다고 생각한다. 여기서 생각해 볼 것은 '기본적'이라 생각하는 생각의 틀이다.

무엇이 기본이고, 어디까지가 기본일까? 기본이란 가치를 세운 것은 부모이다. 그 기준은 부모가 학창 시절과 직장생활을 해 본 결과 느끼는 콤플렉스에서 발생하는 경우가 많다.

'우리 부모님이 영어의 필요성에 대해 잘 알고, 나에게 그 길을 잘 알려주었다면 영어를 좀 더 잘했을 텐데…'라는 생각에서 생긴 아쉬움 때문에, 지금 아이에게 시키는 것은 기본적으로 해 주어야 하는 것으로 생각하는 것은 아닐까?

'무엇을 하던 인(in) 서울은 해야 뭘 하든 할 수 있다'라는 생각 때문에 교과 성적을 높이기 위한 사교육에 열을 올리고 있는 것은 아닐까? '그래도 4년제 대학교 나와서 초봉 ○천만 원은 받아야 평범하게 살 수 있다'라는 생각에 계속되는 공채시험 탈락에도 불구하고 다른 방법을 찾지 않고 있는 것은 아닐까?

누구나 '행복은 성적순이 아니다'라고 말한다. '서울대 나온다고 해서 다 성공하는 것은 아니다'라는 것도 잘 알고 있다. 하지만 자신의 가치를 중심으로 세운 기준을 중시할 수 없는 것은 아직도 많은 사람이 이야기하는 기준이 더 크게 작용하고 있기 때문은 아닐까?

기본적인 삶에 기준이란 없다. 시간이 조금 더 흘러 '자신의 기준을 중심으로 세운 가치가 중요하다'라고 생각하는 사람이 많아진다면 '자신의 기준을 중심으로 가치를 세우는 것'이 기본이 될 수 있을 것이다. 환경적으로 생긴 생각의 틀을 의식하여 자신의 가치를 하찮게 여기거나 기본에 미치지 못하다고 생각하며 괴로워하는 것은 자신의 생각의 틀이 환경적 틀에 지배를 당하거나, 외부를 지나치게 의식해서일지 모른다.

또한, 본인도 다른 누군가를 판단하거나 생각할 때 환경적 틀을 기준으로 생각할 수 있기 때문에 경계하고 조심해야 한다.

❷
[생각의 틀]
환경에 갇히다

함께하고 있는 누군가가 어떤 생각의 틀을 가졌는지는 자신의 생각에 많은 영향을 주기 때문에 중요하다. 특히 같이 생활하는 사람이 있다면 그 사람과 비슷한 성격을 갖고 행동하며, 비슷한 가치관과 관점을 갖기에 더욱 중요하다. 그 생각의 틀이 고스란히 자신의 생각의 틀로 자리하며 스스로 그 틀에 갇힌 줄도 모르고 살아가고 있을지 모른다.

그 틀 안에서 정해진 성공의 기준을 만들었고, 그 성공을 꿈꾸게 한 나의 큰아버지와 큰어머니에 대한 이야기를 할까 한다.

부모들이 결정하고 만들어 놓은 환경을 순종적으로 받아들인 사촌 형은 어리석게도 그 틀 안에서 빠져나오지 못하여 평범한 삶을 살고 있지 못한 것 같다. 할아버지가 모아 놓은 재산 대부분을 물려받으신 큰아버지는 장남인 사촌 형에게 큰 기대와 희망을 품고 계셨다.

사촌 형은 그 당시 안양 최고 명문고에 수석으로 입학 및 졸업을 하였으며, 유명한 대학교 법학과에 수석으로 입학하는 등 가족들에게는 최고의 본보기였다. 큰아버지와 큰어머니는 형이 법대 수석으로 들어갔으니 사법고시를 단숨에 패스하고 우리 집안의 큰 기둥이 될 것이라 믿었다. 그 당시에는 세뇌가 아니라 당연한 이야기라 생각했다.

큰어머니의 사업 실패와 딱히 하시는 일이 없었던 큰아버지로 인해 점점 가세가 기울어졌지만, 형이 사법고시만 패스하고 나면 모든 것이 잘 풀릴 것이라 믿었다. 현실에 쪼들리면서도 형은 공부만 하였고, 번번이 시험에서 떨어졌다. 군대를 다녀오고도 시험공부만 했던 형은 짐을 풀지도 못할 단칸방에 살게 되면서도 오로지 시험 하나에만 의지하였다.

그렇게 형의 나이가 마흔이 될 무렵 나의 아버지는 사법고시가 안 되면 법무사에 도전해 보는 것이 어떻겠냐고 권하셨다. 끼니를 걱정할 상황이지만, 포기하라는 뜻은 아니었다. 그렇지만 사촌 형은 콧방귀를 끼며 나의 아버지와 말도 섞지 않았다. 자존심이 상했던 것인지 공부한 것이 아까워서인지는 모르겠다. 아니면 정말 법조인이라는 단 하나의 꿈을 포기 못 해서 일지도 모르겠다.

그러던 어느 날 큰아버지는 암으로 갑자기 세상을 떠나셨고, 큰집과는 점점 연락도 끊어져 지금은 어떻게 지내고 있는지도 모른다.

정말 자신이 이루고 싶은 꿈을 위해 노력하는 사람으로서 사촌 형은 참 멋진 사람이었다. 하지만 현실적인 문제를 깨닫지 못했다. 이것은 결론만 생각해서 그런 것일까, 아니면 성공하지 못하였기에 과정까지 다 실패한 것으로 보이는 잘못된 생각일까?

큰아버지와 큰어머니가 성공이란 것이 꼭 사법고시에 합격하는 것만이 아니란 걸 알려 주셨다면 형은 조금 더 편한 입장에서 공부할 수 있지 않았을까? 그랬다면 사법고시만이 정답이라 믿거나 합격만을 추구하지 않았을 수도 있다. 같은 생각의 틀 안에 갇혀 그것이 서로에게 힘든 상황만을 안겨 준 것이다.

물론 시험에 떨어져도, 좋아하는 공부를 하는 것이니 행복한 것으로 생각할 수도 있다. 그리고 시험에 합격했다면 반대로 환경적으로 만들어 놓은 생각의 틀의 성공 사례로 소개했을 것이다. 결과만 놓고 이 삶이 평범하지 않거나 실패했다고 생각하는 것이 잘못된 판단의 기준일 수도 있다.

하지만 주변 환경이 자신의 생각의 틀을 한 방향만으로 생각하게 하고, 그것이 옳은 것이라 믿게 하는 것은 위험하다.

'이 산이 아닌가벼'라는 말처럼 열심히 올라왔지만, 이곳에 답이 없을 수 있다. 그럴 땐 과감히 다른 산을 찾아 다시 올라가야 한다. 그렇지만 '이 산밖에 없다'라는 생각에 갇히면, 지금까지 올라온 시간과 노력만을 돌아보며 내려가지 못해 정상까지 오르지 못하는 산에 갇히고 마는 것이다.

주변에 누가 있고, 그 누군가가 무엇을 이야기하고 있는지 살펴야 한다. 그리고 스스로 정말 이것이 맞는지에 대해 의심을 해 보는 것이 환경이나 분위기가 만들어 놓은 틀에서 조금이라도 벗어나는 방법이다.

❸
[생각의 틀]
공짜

우리에게 아이러니한 부분들은 참 많이 있을 것이다. 나는 그중에서도 '공짜'에 대해 잘못 생각해 왔던 부분이 있었다. 무엇을 하기 위해는 돈이 필요하다고 생각했다. 돈이 들어가지 않는 것은 '도움이 안 된다, 열심히 안 하게 된다'라고 여겼다.

영어회화를 공부해야겠다고 마음먹고 어떻게 해야 좋을지 나에게 의논하던 친구가 있었다. TV와 인터넷에서 광고하고 있는 온라인 강좌를 듣겠다는 친구에게 온라인 강의 방식이 본인에게 맞는지 테스트해 보라며 '경기도 홈런(HomeLearn, 지금의 GSEEK)에서 제공하는 영어회화 무료 강의가 있으니 들어 보라고 권했다.

"에이, 공짜로 볼 수 있는 건… 조금 그래."

보통 온라인 강좌가 무료라면, 문제가 있거나 옛날 것이란 생각에 지금은 도움이 되지 않는다고 생각한다. 예전에 영어회화를 가르치던 방식이라 지금의 우리에게 맞지 않기에 그냥 무료로 볼 수 있게 만들어 놓은 것일까?

요즘은 영어회화를 쉽게 습득할 수 있는 방식에 대해 연구하고 개발하여 강의하는 유명 강사들이 탄생하고, 새로운 전자기기의 발달로 영어회화 공부를 보조하는 수단 등이 발전하고 있다. 하지만 영어회화 자체의 신·구가 존재하는지는 의문이다. 우리나라 말도 예전에 사용하였던 말을 우리말로 순화한 단어나 새롭게 생겨난 신조어 등이 있지만, 의사소통을 하는 말이나 존댓말 등에 대한 개념과 원리는 특별히 변한 것이 없다.

여러 방법 중에 자신에게 맞는 것을 찾아 '영어회화' 자체의 가치를 얻는 것이 중요하다. 'XXX 강사의 공부 방법' 또는 'YYY 기계를 통해 얻은 영어회화 비법'으로 영어회화를 잘하게 되었다는 타이틀을 얻고자 하는 것이 아니기 때문이다.

그런데도 새로 나온 것은 더 쉽고, 더 빠르게 능력을 얻을 수 있으리란 기대로 시작하지만 이마저도 포기할 때가 많다. 나에게 맞지 않는 방법이라며 빠르게 정리하고 싶어서일지 모른다. 그리고 새로운 방식이나 도구(전자기계) 덕분에 자신의 노력을 덜 투자하여도 이전보다 쉽게 배울 수 있다는 환상을 버려야 하는 것은 아닌지 생각해 보아야 한다.

이러한 생각의 틀은 스마트폰으로 제공되는 '무료 e-book'에서도 쉽게 찾아볼 수 있다. 특정 통신사를 이용하는 고객에게 무료로 제공되는 책은 가치가 낮거나, 현 추세와는 맞지 않는 내용이며, 새로운 것이 없을 것으로 생각하지 않는가?

책에서 전하고자 하는 메시지는 시간이 지나며 낡아지는 것이 아니라 변화하는 것이다. 그렇지만 그것이 낡고 오래된 것이기에 필요 없다고 생각할지 모른다. 그렇기에 최근에 나오는 신선한 독설과 메시지만이 자신을 깨우치게 하고, 잠들어 있는 의지를 불태우게 할 수 있다고 생각한다.

또한 책값이 평균적인 가격이라면 정상으로 인식하지만, 조금 싸다면 무엇인가 하자가 있는 것, 판매가 잘 안 되어 싸게 내놓는 것으로 생각하는 사람도 있다. 이것이 바로 우리가 가진 생각의 틀 중 공짜나 할인에 대해 인식하는 공통적인 생각일 것이다. 주어지는 혜택을 잘못 인식하여 중심이 되는 가치를 저평가하게 되거나, 본질적인 것은 보지 못하게 되는 것이다.

혜택을 혜택이라 정확하게 인지하지 못하고 누구에게나 공평하게 주어지는 것 중 가장 큰 공짜는 '시간'일지 모른다. 공부할 수 있는 시간이 주어지는 것은 혜택이다. 학교에 다니고 있는 것도 혜택이며, 앞으로의 삶을 진지하게 생각할 수 있는 것도 지금이기에 가능한 혜택이다.

어쩌면 우리는 시간이란 혜택이 무료로 주어지고 있으므로 소중히 여기고 있지 않을 수 있다. 매일 24시간이 공짜로 주어진다고 생각하여 잘 관리하지 않으면 야속하게도 언젠가는 대가를 지급해야 하는 날이 올지 모른다.

공짜로 주어지는 것에 대한 생각의 틀이 할인이나 혜택에 대한 인식에도 영향을 주고, 영향을 받은 인식이 시간이란 개념에도 적용되는 것처럼 생각의 틀을 인지하지 않거나 돌보지 않는다면, 적용해야 할 부분과 적용하지 말아야 할 부분을 구별하지 못하고 자연스레 편하고 쉬운 방법으로 생각하고 행동할 것이다.

자신을 둘러싼 모든 것을 통제할 수 없고, 순간마다 생각의 틀을 인지하고 변형하고 적용할 수도 없다. 하지만 같은 문제가 반복적으로 일어나거나 모든 것을 그저 환경이나 시간 등 외부요인으로 돌리게 된다면 '내가 왜 이렇게 생각하게 된 것일까?'라는 의문을 가져야 한다. 물론 그 생각이 발생한 시점도 찾지 못하는 경우가 많을 것이다. 그렇지만 문제점을 생각하며 인지함으로써 실수를 줄이는 것이 진정으로 자신을 위하는 것은 아닐까?

④
[생각의 틀]
편견

    대학에서 학생들은 더 나은 인생을 준비하기 위해, 자유와 생각할 수 있는 시간이 꼭 필요하다. 그렇지만 어려운 가정 형편상 자신의 재능과 꿈을 찾기보다는 아르바이트를 찾아 전전긍긍하고 있는 경우가 많다.
    학비를 벌어 스스로 학교에 다니는 대학생은 성실하고 올바른 사람으로 보인다. 그러나 그렇게까지 대학에서 배우는 학문적 지식이 필요한 것인지, 아니면 남들 다 있는 대학교 졸업장이 필요하기에 지금 이 생활을 묵묵히 받아들이고 있는 건 아닌지 생각해 보아야 한다.
    이렇게 학업의 성취와 재능의 발견이 아닌 졸업장을 위해 어쩔 수 없이 해야 한다는 것은 현실적으로 대학교 졸업에 대한 편견이 존재하기 때문이다. 전공과는 무관하게 상위권 대학교를 졸업하였다는 이유만으로 회사와 일자리를 선택할 수 있는 폭이 커진다.
    '그렇게 만들어 놓은 건 사회이고, 그 사회를 조성해 놓은 어른 세대가 잘못한 일이다. 우리에게 어쩔 수 없는 선택을 하게 만들어 놓은 것이 아니냐?'고 반문을 할 수 있다. 누구나 한 번쯤 사회적 편견에 대해 불평해 보았을 것이다.

자신도 상처받고 불만을 품었던 생각의 틀로 누군가를 바라보고 있는 것은 아닌지에 대해서 반성한 적이 많다.

군 시절 후임병이 들어왔을 때였다. 자기소개를 시켰더니 고려대학교에 다니다가 왔다고 했다. 처음 들었을 때 '우와! 저놈은 조금 똑똑하겠네. 말귀를 잘 알아듣겠구나?'라는 생각을 하였다. 그때 고려대학교에 다니다 온 선임병 중 한 명이 물었다.
"서울? 서창?"
"서창입니다."
나를 포함한 모두의 표정이 미묘하게 바뀌었다. '나 또한 사회적으로 만들어 놓은 틀 속에서 생각하는 어쩔 수 없는 인간이구나'라고 생각했다.
후임병이 다니던 캠퍼스가 서울이면 어떻고 서창이면 어떠한가. 누구에게나 처음인 군 생활은 아무것도 모르는 상태에서 배워야 하고, 정해진 훈련을 받아 익혀 가면 그만인 것이다. 그런데도 왜 우리의 표정은 변했고 '그럼 그렇지'라는 분위기를 풍겼던 것일까.

사회생활을 하며 어느 대학 출신이냐에 따라 그 사람을 평가하는 것, 기대하는 것, 판단하는 것에 차이가 발생한다. 많은 사람이 가지고 있는 생각의 틀의 편견적 부분이 자신의 생각의 틀에 그냥 흡수되어, 자신의 가치관과 판단에 상관없이 생각해 버리는 것은 아닌지 경계하며, 최대한 선입견을 품지 않으려 노력하여야 한다.
우리는 판단하기 힘든 전문가의 영역에도 편견을 갖고 있지 않은가? 어느 대학의 어느 과를 나오면 더 잘하는 일들이 존재한다고 믿는 경향이 있다. 하지만 어느 대학 출신의 치과의사는 안 아프게 치료하고, 생소한 대학 출신의 치과의사는 아프게 치료할 수도 있다는 편견처럼 전문적인 영역에서도 적용되고 있을지 모른다.

특별하게 생각해 보지 않았던 분야에는 자신의 기준과 가치를 중심으로 판단한 생각의 틀이 없어 사회에서 통용되고 있는 생각의 틀로 생각하게 된다. 많은 사람에게 자연스레 전해지고 있는 생각의 틀이 깨어지지 않아, 편견을 편견으로 인식하지 못하고 자연스럽고 당연한 것으로 생각하고 있는 것은 아닐까?

이러한 사회적 편견이나 상대방의 생각의 틀로 상처나 차별, 스트레스를 받고 있다면 스스로가 자신의 자격지심을 앞세우는 일이 없도록 자신의 생각의 틀을 조절하여 대처해야 한다.

나에게 상처를 주는 상대방은 사회적 생각의 틀이 깊은 사람이라고 인정하고 넘겨야 한다. 잘못된 것을 잘못되었다고 이야기하지 못하는 것이 비겁하다는 생각으로 그 사람의 틀을 바꾸려 하거나, 다른 논리를 세워 이기려 하거나, 잘못되었다 비판하기보다 내 틀에서 상대방의 생각의 틀이 그렇게 존재하는 것을 인지하고, 피해 가는 것이 도움이 될 때가 많기 때문이다.

사회적 인식이 변화하고 있다. 경제적 성장만을 추구하던 시대를 지나, 개인적 삶과 가치를 중시하며, 행복하고 건강한 사회를 만들기 위해 잘못된 부분은 짚어내고, 개선하고자 다양한 생각을 반영하며 변화를 이끌어가고 있다.

변화를 잘못된 것으로 인식하지만 않는다면, 변화의 방향이 잘못된 곳으로 향하지 않는다면, 변화란 이름이 변질되지 않는다면, 대학교 졸업장이 없어도 실력과 인성 그리고 사람 자체로만 평가하는 좋은 편견이 생기게 될 것이다.

⑤
[생각의 틀]
무리

누군가와의 인간관계를 '좋다, 나쁘다'라고 평가하는 것은 어렵다. 그리고 인간관계에 대해 정확한 기준으로 나누어 생각하는 것도 어렵다. 하지만 그 인간관계가 이득(경제적인 것과 무관)을 추구하는 것인지, 우정과 편안함을 추구하는 것인지에 대해서는 좀 더 쉽게 생각해 볼 수 있다.

학교나 직장에서 확실하게 그룹이 정해져 있어서, 그 그룹에서 활동하는 경우도 있고 그렇지 않을 수도 있다. 대부분의 '무리'란 비슷한 성향을 가졌거나 같은 공감대로 형성되고 이루어진다. 그렇다면 그 '무리'가 나에게 어떤 영향을 주는지에 대해 생각해 보자.

내가 속해 있는 무리가 나에게 어떠한 영향을 주고 있는지 생각해 본 적 있는가? 단순히 친해지고 어울리는 것을 넘어 '무리' 속에서 형성된 생각의 틀이 있는 경우가 있다. 예를 들면, 결혼을 일찍 하는 무리라면 그 분위기에 맞추어 본인도 '일찍 결혼해야 할 것 같다'라고 생각한다. 무리 중 누군가가 차를 구매하게 되면 '나도 차를 구매하고 싶다'라는 마음을 품는 경우도 있다.

군중심리처럼 큰 개념에서 생각해 볼 것이 아니라 우리가 속해 있는 무리를 보며 생각해 보자. 무리가 좋고 나쁨을 판단할 수는 없지만, 가끔 그 무리에 젖어 무분별해지는 경우도 적지 않게 볼 수 있다.

무리 중 누군가가 특정인을 싫어하거나 특정한 일에 대해 옳지 않다고 이야기하면, 자신의 생각의 틀에서 먼저 판단해 보고 받아들이는 것이 아니라 그 무리의 뜻이 자신의 뜻인 듯 받아들이고 행동하는 경우가 있다. 학생들 사이에서 말하는 왕따라는 개념도 그렇게 받아들여진 행동의 결과다. 그래서 몇 년이 지나면, 내가 그 친구를 왜 싫어했는지도 잊어버리고 친구들을 따라 했던 행동들에 미안함을 느끼게 되는 경우도 많다.

내가 속해 있는 무리 중에서 누군가가 성(性)에 대한 개방적인 사고를 토로했고, 그것의 즐거움에 대해 한참 이야기를 한 적이 있었다. 그 무리 중 일부는 그렇게 개방적인 삶을 살아가는 것을 동경하듯 부러워했고, 그렇게 생각하지 않았던 친구들은 자신의 기준이 맞는 것인지에 대해 의심을 하게 되었다. 그러고는 자유분방한 삶을 원하였는지, 자신의 틀을 빠르게 틀렸다고 생각해 버리고 개방적인 것을 추구하는 무리의 생각의 틀이 자리 잡게 되는 경우를 보았다.

그럼 이것을 생각의 틀의 한계를 넘었다거나 고정관념을 깨고 한 단계 더 성숙했다고 말할 수 있을까? 경험한 적이 없어 발생한 호기심에 의해 만들어진 무리의 생각의 틀을 인지하지도 못한 채 받아들이고 있던 것은 아닐까?

'순간순간에 맞게' 또는 '상대방에 따라' 같은 조건들을 붙여 가며 쾌락의 합리화를 추구하는 것도 누군가의 생각의 틀일 것이다. 하지만 그것이 잘못된 것이 아니라 주변 분위기에 휩쓸려 본인의 판단이 빠진 상태에서 누군가의 생각의 틀을 내 것인 듯 받아들이게 되면 큰 혼란이 올 수 있다.

부모님은 학교에 가면 착한 친구 혹은 공부를 잘하는 친구를 만나라고 하셨다. 그 뜻이 무엇이었을지 궁금해 고민해 보았다. 다시 생각해 보니 '본인이 어떤 무리에 속해 있는지에 따라 대화하는 주제도 다르고, 행동하는 방식들도 달라진다'라는 것을 알고 계셨기에 이야기하신 것은 아니었을까? 그래서 많은 부모들이 '학군'이란 것에 열광하는 것은 아닐까?

나 역시 공부하는 분위기의 고등학교에 입학했을 때, 첫날부터 공부만 하는 아이들을 보며 느끼는 것이 많았다. 다른 아이들이 공부에 열중하는 것을 보니 나도 해야 한다는 생각을 무심결에 하고 있었다. 그렇게 학교의 분위기는 만들어진 것이고, 사회에 나와서도 '그 학교 출신'이라면 최소한 어느 정도일 것이라는 이미지를 줄 수 있는 것이다.

주거 공간인 집을 구하는 것에 있어서도 '동네의 분위기'를 많이 따지는 경우도 있다. 재개발로 새롭게 시작하는 단지나 오래전부터 그 지역 부자들이 거주했던 동네는 다른 주거지역보다 가격이 높게 형성되어 있다. 그렇게 형성된 주택단지에 사는 것이 그렇지 않은 지역보다 살기 좋다고 말한다. 그 지역에 들어왔다는 것은 일정(?) 수준 이상의 부를 가진 사람들이고, 경제적인 어려움이 덜하다 보니 생각과 행동이 여유로운 동네 분위기라고 한다.

집에서 키우는 애완견을 산책시키기 위해 밖에 나갈 때도 혹시나 애완견이 변을 보면 치워야 하기에 비닐봉지와 휴지를 갖고 다닌다. 키우고 있는 개의 종을 떠나 주인과 함께 나온 것이라면, 타인에게 위협이나 불편함을 주지 않기 위해 통제할 수 있는 목줄을 해야 한다. 그들은 이것을 당연한 예의라 생각하였다.

하지만 길 어디에 변을 보든지 말든지 그냥 지나치거나, 행인을 보며 위협하고 짖는 강아지를 위험하지 않다고 생각하는지 특별한 제재 없이 방관하는 동네의 분위기도 있었다. 이것도 개인의 차이일 수 있지만, 그 동네에 형성되어 있는 분위기에 주민들이 물들어 있는 것은 아닐까 생각했다.

우리가 속해 있는 무리도 매번 이성이나 연예인에 대한 이야기를 하거나, 직장 상사 뒷담을 하지는 않을 것이다. 만약 그런 이야기를 계속한다면, 그것이 그 무리가 추구하는 방향이기에 계속 그 주제의 이야기로 무리가 유지되어 가는 것이다.

이성과 연예인 등에 관해 이야기하는 것이 나쁘다는 것이 아니다. 하지만 그 이야기들 속에서도 자신의 생각의 틀 안에서 먼저 생각하고 받아들여야 하는지, 그냥 자신과는 다른 상황이기에 흘려보내야 하는지를 판단하는 분별력은 있어야 한다. 당연히 그 무리가 나누고 있는 이야기가 앞으로 살아갈 인생에 대한 진지하고 건설적인 이야기라 해도 마찬가지다.

어울리고 있는 무리에서 영향을 받는 것은 무엇이며, 그 무리로 인해 내 생각의 틀이 잘못된 방향으로 변한 것은 없을까? 내가 이 무리에 속해 있기 때문에 생각하지 않아도 될 문제들에 대해 불평·불만이 먼저 작용하여 반응하고 있는 것은 아닐까?

흘러가는 방향이, 생각했던 방향이 아니라는 의문이 든다면 특정 무리로 인해 변한 것은 아닌지 생각해 보고, 무리에서 발생한 생각의 틀을 수정하며 살아가야 하는 것은 아닌지 생각해 보아야 한다.

❻
[생각의 틀]
이기주의

우리는 이타주의가 올바른 사상이며 자신만을 위한 이기주의는 나쁜 것이라 배웠다. 하지만 자신을 위해서 이기적인 사람이 되어야 하는 순간이 있다. 그런데도 그 순간에 더 많은 죄책감을 느끼게 되는 것은 '이타주의가 착한 것, 이기주의는 나쁜 것'이라 배운 생각의 틀 때문은 아닐까?

인간(人間)이라는 한자를 살펴보면 사람과 사람 사이라는 것을 알 수 있다. 그래서 우리는 더불어 살아가는 것이 사회라고 이야기한다. 그 관계 속에서 자신의 이익을 찾고자 다른 사람을 모함하거나 해를 입히는 것은 죄에 해당하는 것이지, 자신을 위한 이기주의라 말하지 않는다. 그렇다면 우리가 다른 사람의 생명과 신체에 피해를 주지 않고, 경제적으로도 문제를 일으키지 않는다면 어느 정도의 이기주의는 괜찮은 것 아닐까?

자신을 위한 이기주의는 무관심이나 방관과는 구별해야 한다. 그 사람이 어떻게 되든지 말든지, 회사가 어떻게 되든지 말든지, '나는 관심 없다'는 듯 행동하는 사람이 있다. 정말 관심이 없는 것인지, 아니면 그저 신경 쓰고 싶지 않아서인지는 모르겠다. 또한 자신의 행동으로 인해 누군가가 상처받거나 화가 나는 것은 상대방이 생각할 문제이지, 본인이 생각할 문제가 아니라고 이야기하는 사람도 있다.

회사에서 업무적으로 누군가가 잘못을 했으면 책임지게 하고, 책임을 질 수 없다면 좋은 말로 나가라 권하여 퇴사하게 하는 경우가 있다. 하지만 어떠한 것도 책임을 질 생각은 하지 않고, 자신을 향해 쏟아지는 비난을 마녀사냥이라며 억울한 피해자 행세를 하기도 한다.

자신을 위해 이기적으로 행동해야 할 때와 그렇지 않아야 할 때를 구별할 수 있어야 한다. 다른 사람들의 평가나 불만을 듣는 것이 싫어서, 자신을 위한다는 명목하에 이기주의를 발동시키는 사람이라면 상대방에게 정신적 상처를 줄 수 있다. 그리고 상대방에게 직접적으로 피해를 주지 않았다고 해도 상대방의 감정을 망쳐 버리는 간접적 피해는 분명히 존재할 것이다.

이것은 다른 사람들의 감정까지 일일이 생각하고 대비해야 한다는 것이 아니다. 평상시에 다른 사람의 감정에 관심을 두지 않던 사람일지라도, 여러 사람이 지적하고 비난하는 부분이 있다면 그것을 간과하지 말아야 한다. 그것은 분명 본인에게 잘못된 부분이 있다는 것이다.

만약 그것이 잘못된 부분이 아니라면 당당히 상대방에게 이야기하고, 이해할 수 있는 시간을 갖는 것이 중요하다. 본인의 의도와는 상관없이 상대방의 오해로부터 시작된 것일 수도 있기 때문이다. 서로 간의 진지한 대화로 불필요한 감정 쌓기를 해결할 수 있음에도 자신의 위치가 낮다거나, 말을 할 수 있는 성격이 아니라는 이유로 피하려 들기 때문에 더 큰 문제들이 발생하고 더 큰 불만이 쌓이는 것은 아닐까?

나도 누군가와의 마찰이 있었다. 하지만 그것이 개인적인 감정이 아니라 공적인 부분이라면 당당하게 이야기할 때가 많았다. 이 방법이 통하지 않으면 다른 방법으로도 시도해 보는 노력을 게을리하지 않았다.

상대의 생각의 틀을 조정할 수 없으므로 맞출 수 있는 접점이 어디인지를 고민하며 대해 왔다. 하지만 다양한 이야기와 방법에도 불구하고 긍정적인 변화를 끌어내지 못했다. 내가 원하는 방향으로 상대가 변하지 않아 긍정적인 변화를 끌어내지 못했다는 것이 아니다. 주위의 많은 사람들이 그 사람으로 인해 불만을 느끼고 있었다. 노력하려는 모습을 보이지 않는 것에 화가 나고 있음을 알려 주고, 인식할 수 있게 해 주고 싶었다. 하지만 자기만의 세계에 빠져 순간순간 잘 빠져나가려는 얕은수를 쓰는 것이 눈에 계속 보였다.

누군가는 그 사람이 천재이기에 '나는 원래 이런 사람이다'라는 이미지를 만들어 포기하게 만들어 버린 것일지 모른다며 나에게도 포기하라 했다. 다르게 생각해 보면 그 사람에게 지적한 부분이 정말 지적할 만한 부분인지, 그것을 지적하는 지금의 이런 분위기가 잘못된 것일 수 있다며 이기적인 생각의 틀로 전환하는 방법을 택할 수밖에 없다. 그 사람에 대한 무관심과 무시만이 그 사람이 발생시키는 문제들과 주변의 이야기들로부터 내 감정을 지켜낼 수 있기 때문이다.

문제에 대해 과도하게 의식하는 것도 문제이지만, 문제를 인식하지 못하는 것도 자신의 생각의 틀에 갇혀 있기 때문일지 모른다. 나를 위한 이기적인 생각의 틀은 어디서, 어떻게 사용해야 하는지를 판단할 수 있어야 함에도 항상 자신의 생각의 틀 안에서만 판단하려는 오류가 있는 것은 아닌지 살펴보아야 한다.

내가 내려놓으면 그 문제는 '나와 상관없는 일'로 흘러갈 수 있다. 불필요한 감정을 쌓을 일도, 화를 내는 일도 없이 내 생각의 틀이 조정되어 가는 것이다. 어쩌면 정말 그 사람은 모든 사람의 생각의 틀을 조정하게 하여 자신에게 갖는 관심을 차단해 버리는 천재가 아닐까? 하지만 이런 천재가 곁에 있다는 것이 얼마나 힘든 일인지를 그 천재도 알아주어야 할 것이다.

⑦
[생각의 틀]
이중적

가끔 흉악한 사건을 다룬 뉴스나 시사 다큐멘터리에서 놀라운 일을 볼 때가 많다. 그중 주변 사람들이 "그 사람이 그런 흉악함 범죄를 일으킬 사람일 리 없다"라며 인터뷰를 하는 내용을 종종 볼 수 있다. 밖에서는 온화하고 따듯한 사람이라 다른 사람들에게 존경받는 사람일지라도, 가정에서는 폭력적이고 난폭한 군주의 모습을 가진 이중적인 사람이 있기 때문이다.

평상시에는 무뚝뚝하고 잘 웃지 않으며 딱딱하게 행동하는 사람이지만 아기나 어린아이들을 만났을 때는 활짝 웃으며 대할 수도 있고, 반대로 어르신들을 만날 때는 공손하고 살갑게 행동할 수 있다. 이것을 이중적이라고 이야기하지는 않는다.

상대방에 따라 자신이 취해야 할 가치를 갖고 있거나 이전부터 쌓여 온 습관으로부터 형성되어 자연스레 행동으로 나오는 경우가 많다. 이렇게 상황과 역할, 위치와 상대방에 따라 생각의 틀이 다르게 적용될 수 있다.

그런데 최근 생각의 틀이 역할의 역전 현상이 이루어질 때 발생하는 문제가 있다. 불행히도 그 문제는 다른 누군가를 전염시키고 또 다른 누군가에게 상처를 주며 퍼져 나가고 있다.

고객을 응대하는 일에 종사하고 있는 사람은 원만한 업무 처리와 서비스를 제공하기 위해 자신이 맡아야 할 고객이 평범하길 바란다. 그리고 본인이 다른 서비스직 종사자를 만나면 상대방에게 좋은 서비스를 받길 원한다. 하지만 좋은 서비스를 받기 위해서는 고객의 입장에서도 친절하고 편하게 응대하는 것이 서로에게 좋은 것을 알면서도 고객의 권리만 행사하려는 사람이 많다. 이것이 자신의 역할이 서비스직 종사자에서 고객으로 역전되며 발생하는 문제이다.

'내가 고객이니까 그냥 편하게 행동한다'라고 생각하는 경우다. 복잡한 이야기가 나와서 본인이 이해하지 못하거나 인정할 수 없는 부분이 있다면 서비스를 제공하는 회사나 자세히 설명하지 않은 직원의 잘못으로 이야기한다. 물론 정확하게 이해를 시키지 못한 직원의 실수일 수 있다. 또한 서비스 제공에 대한 내용이 애매한 해석을 일으켜 오해할 수도 있다. 하지만 자신이 실수한 부분이나 이해해야 하는 문제가 발생하면 귀찮고 짜증이 나는 마음에 언성을 높이기 시작한다. 그렇기 때문에 업무 처리가 이루어지지 않은 것에 대한 불만보다 직원의 표정과 말투에 대해 민원을 제기하는 사례가 많이 발생한다.

전화는 상황이 더 심각하다. 상대방이 보이지 않는 상태에서 일단 상황이 어떻게 된 것인지 파악하려 하기보다는 화를 내고 분풀이를 하고자 전화를 하는 사람도 많다. 해결하고 싶은 문제에 대해 상담원과 이야기하며 풀어나가는 것이 목적임에도 '본인만의 언어'로 이야기하면서 그것을 알아듣지 못한다고 화를 내는 사람도 많다.

소비자의 권익이 높아지며 불합리한 부분을 개선하고, 올바른 소비자의 권리를 찾아 주고자 여러 기관이 운영되고 있다. 상대적 약자인 소비자에게 불평등과 불공정 등의 피해가 가지 않도록 막아 주고 정당한 권리를 보호해 주고 있다. 시대의 변화에 따라 소비자의 권리와 인식에 대한 생각들이 퍼지면서 누군가에게는 잘못 받아들여져 잘못된 행동을 하고 있다.

  서비스직에 있다고 해서 누구나 다 친절한 것은 아니다. 같은 사람일지라도 친절한 날이 있고 아닌 날도 있다. 당연하다는 듯이 친절함과 공손함을 바라기보다 고객인 내가 먼저 친절하게 묻고, 이해할 수 없는 부분에 대해 천천히 설명해 보는 것은 어떨까? 상대방이 억지로 끌어올린 미소를 바라기보다 지친 모습을 안쓰러워하는 마음을 가져 보는 것은 어떨까?

  이렇게 특정 직업이나 상황뿐 아니라 지위나 자격, 위치에 따라 역할이 역전되며 생기는 문제는 직장에서도 흔히 찾아볼 수 있다. 상사에게 인정받고 싶거나 싫은 소리를 듣지 않길 바라는 사람이 후배 직원들을 대할 때는 자신이 후배 직원일 때의 입장과 감정을 잃어버리고 대하는 경우가 많다.

  우리의 생각의 틀은 자신에게 유리하도록 적용된다. 그렇기에 역할의 역전 현상이 이루어질 때도 자신의 생각의 틀이 완전히 반대쪽으로 변하여 행동할 때가 있다. "종로에서 뺨 맞고 한강에 가서 눈 흘긴다"라는 속담처럼 평상시에 받은 스트레스와 억눌림을 역할의 역전 현상이 이루어졌을 때 주체할 수 없이 터져 버리는 경우가 많다. 이러한 현상이 돌고 돌아 자신에게 돌아올 수 있음을 알아야 한다.

내 세상의 주인공은 나다.
내 세상을 살아가는 것도 나이고
매 순간. 나는 나의 선택으로 살아가고 있다.

내 세상의 주인이자 중심임에도
다른 누군가와 비교하며 초라하다 느끼는 경우가 많다.

내가 갖추고 있지 못한 장점을 가진 다른 누군가를 부러워하고
내게 없었으면 하는 단점이 안 보이는 다른 누군가를 부러워하고
장점이 잘 보이는 그런 사람을 부러워한다.

하지만 내 인생에서 그 사람은 엑스트라이다.
그 엑스트라의 클래스가 남다르기 때문에
돈이 많을 수도 있고, 엄청나게 잘생겼을 수도 있다.
그리고 주인공을 위협하듯 상당한 영향을 줄 수 있다.

그 엑스트라는 조연급이 될 수도 있고,
단역으로 짧게 퇴장할 수도 있다.
그런 엑스트라가 내 인생에서 보이지 않고, 퇴장하였음에도 불구하고
나는 그 엑스트라를 부러워한다.

그렇게 내 인생에서 보이지 않고
잘 살아 있는지, 승승장구하고 있는지를 듣는다고 해도 부러울 것이 없는
조연이다.
그 인생이 어떻게 흘러왔는지 흘러갈지는 내게는 중요하지 않다.

그래서 누군가를 부러워하거나 시기하는 일을 하찮게 여기게 되었다.

- 《시답지 않은 이야기》 그게 나였다 中

5장

관점

① [생각의 틀] 우리를 가둔다
② [생각의 틀] 저축만이 답은 아닐지도
③ [생각의 틀] a와 a'
④ [생각의 틀] 원하는 것의 의미
⑤ [생각의 틀] 연속의 강박
⑥ [생각의 틀] 생각과 고민
⑦ [생각의 틀] 기본과 기교
⑧ [생각의 틀] 향기 없는 꽃
⑨ [생각의 틀] 조작은 비겁한 것이 아니다!

❶ [생각의 틀] 우리를 가둔다

누구나 자신이 이루고자 하는 목표를 정하고 그것에 맞는 계획을 세우며 살아간다. 계획을 실행하고 원하는 목표를 이루는 삶이란 존경받을 만한 일이다. 원하는 것을 위해, 목표를 달성하기 위해서는 자신을 통제하고 포기해야 하는 것이 있다. 이것을 '기회비용'이라고 한다. 한정된 시간 안에 모든 것을 할 수는 없다.

하지만 성공이란 이름 아래 포기하지 말아야 할 것을 구별하지 못하고 목표와 의지라는 틀 안에 나를 가두어 버리는 일이 생기는 건 아닌지 생각해 볼 필요가 있다. 결심을 흔들리게 하는 유혹으로부터 나의 의지를 지키겠다는 생각은 좋다. 하지만 모든 일에 대해 일관적인 생각의 틀 안에서 생각하고 판단한다면 분명 놓치고 있는 것도 있을 것이다.

우리는 원하는 목표를 이루기 위해서 자신의 시간과 행동에 대한 제약을 많이 둔다. 그것이 '목표 달성을 위한 노력의 일부분'이라고 생각한다면 옳다고도 말할 수 있다. 하지만 스스로가 그 틀 안에서 행동해야 한다는 압박, 자신과의 약속이라며 정말 필요한 것과 소중한 것을 위해 소비해야 하는 짧은 시간마저 포기하는 것이 맞을까? 목표라는 틀 안에서 포기해야 얻을 수 있다고 생각하기에 그런 것은 아닐까?

나는 학창 시절을 지나 사회에 나왔을 때도 비슷한 문제를 겪게 되었다. 성공이라는 목표를 위해서는 마음가짐과 행동이 목표를 향해 집중되어야만 하고 그것을 이루기 위해 불필요하다고 생각했던 일은 하지 않겠다고 다짐했다. 점심을 먹고서 가볍게 동료들과 이야기 나누는 것보다는 부족했던 업무를 보충하거나 책을 읽었고, 혼자 이어폰을 끼고 음악을 듣는 것이 내 인생에 도움이 되는 것이라 믿었다. 저녁에는 '건강관리'란 목표를 위해 회식 자리를 매번 이런 핑계 저런 핑계로 빠졌고 내 생활을 하는 것이 우선이었다.

과연 그렇게 한 것이 내가 성공으로 가는 길에 얼마나 큰 영향을 주었을까? 회의론적으로 '모든 것이 부질없다'라고 이야기하는 것이 아니다. 지금 내가 행동하고 생각하는 것이 정말 원하는 목표를 위한 것인지, 아니면 단지 정해 놓은 목표 때문에 다른 것은 의미 없다고 생각해서 피하려고만 하는 것인지…. 그렇게 목표를 위해 보내온 시간을 돌아보니 나는 그 흔한 취미 생활도 없이 내 생각의 틀 안에서 허우적거리고 있었다.

편입을 위해 공부했던 시절, 아침에 눈을 뜨면 편입이란 목표 아래 학원으로 가서 수업을 듣고, 끝나면 도서관에 가서 한 글자라도 더 보는 것이 내 목표를 향해 마음을 다하는 최선의 길이라 생각했다. 공부하든 안 하든 앉아 있었다. 노래만 듣고 있던 시간도 있었고, 낙서를 하는 시간도 많았다. 공부하지 않더라도 앉아 있는 것이 나에게 위로가 되었다.

친구들에게 만나자는 문자메시지가 와도 '한번 놀기 시작하면 계속 핑곗거리를 만들어서 공부하기 싫어지니까'라고 생각하며 거절했다. 외식하자는 가족의 연락도, 보고 싶은 애인의 연락도 철저하게 외면하며 앉아 있는 습관을 갖기 위해 노력했다. 아르바이트도 하지 않았고, 집에 있으면 게을

러진다는 핑계로 고시원에 나가 지내기도 했다. 그렇게 목표를 향해 포기해야 하는 것이 맞는다는 생각의 틀 안에서 행동했다.

그리고 다행히도 편입에는 성공했다. 그다음 찾아온 다음 목표, 취업. 취업을 위해 학점 관리와 어학능력시험, 각종 자격증과 포트폴리오를 작성하는 목표가 과제처럼 생겨났다.

'난 또 이 목표들을 위해 다른 것들을 포기하며 살아야 할까?'

편입을 위해 공부하고 그것을 이루어 낸 사실은 대견하지만, 그 과정 자체가 만족스럽지 못했다. 공부한다는 생각으로 다른 것은 병행하면 안 되는 것으로 생각했기 때문이다. 취업하고 나면 더 나은 연봉을 위해, 빠른 승진을 위해 난 또 목표만을 위해 살아야 할까?

돌아보면 학교생활도 설렁설렁하며, 아르바이트해서 모은 돈으로 해외여행도 다녀오고, 여자 친구와 연애도 잘하고, 축구광이라 경기가 있는 날이면 응원단 응원복을 입고 학교에 왔다가 응원을 하러 가는 친구가 있었다. 그 친구는 삶의 목표라는 것이 뚜렷하게 없었기에 즐기며 살았던 것일까?

아니다. 그 친구에게도 당연히 목표가 있었다. 그 친구가 더 많은 연봉과 좋은 복지를 가진 큰 회사에 입사하였을 때 난 억울하고 분했다. 그래서 그 친구와 나의 차이점은 무엇인지에 대해 깊게 생각해 보았다. 그 결과 시간을 분배하는 생각이 달랐다는 것을 알게 되었다. 그리고 결정적으로 더 큰 차이를 만든 것은 지능과 노력이 아닌 '집중'의 차이가 아니었나 싶다.

그 친구는 시간에 집중하는 것이 뛰어났던 것 같다. 맹목적으로 목표에 매달려 있는 것이 아니라 목표를 위한 시간에는 목표에 집중하고, 다른 일이 생겼다면 다른 일이 생겼을 때만큼은 목표를 잠깐 내려놓고 다른 일에 집중하며 그 시간을 충분히 즐긴 것 같다. 그 결과 연애도, 대인 관계도, 자신이 좋아하던 축구에 대한 열정도 모두 잘 지켜 가며 목표를 이룰 수 있었던 것이다.

나도 이 친구처럼 방법적으로 생각의 틀을 조금만 달리했다면 다른 것을 포기하지 않으면서 효율적으로 목표를 달성할 수 있지 않았을까?

우리는 지금의 삶이 이루고 싶은 목표를 향해 살아가고 있는 것인지, 목표라는 틀 안에 갇혀 자신을 가두고 통제하는 것에 급급해하는 것은 아닌지, 내가 선택한 방법이 올바른 방향인지에 생각해야 한다. 그리고 자신의 생각의 틀로만 판단한 것이기에 다른 관점을 갖고자 한다면 다른 누군가에게 묻고 조언을 구하며, 제삼자의 입장에서 내 모습을 바라볼 필요가 있다.

10년 전의 내 모습을 지금의 내가 평가하고 조언해 보자. 그리고 10년 후의 내가 지금의 모습을 어떻게 평가하고 조언할 것인지 생각해 보면 지금 하지 않으면 후회할 일들이 무엇인지 알고, 소중한 것을 잃어 가며 살아가지 않을 수 있다. 자신을 점검하고 본인이 원하고자 하는 목표를 이루기 위해서는 꼭 필요한 시간이다.

❷
[생각의 틀]
저축만이 답은 아닐지도

무료하게 지내던 어느 날, 인터넷 광고창에 떠 있는 게임 배너를 클릭하였다. 그 게임은 본인이 캐릭터를 만들어 레벨을 올리는 것이었다(젊은 남자들에게는 익숙한 MMORPG라는 분야인데 모르면 그냥 넘어가도 좋다).

게임을 시작할 무렵 나와 같이 시작한 친구가 있었는데, 게임을 하는 시간의 양도 비슷하였다. 처음에는 별 차이 없이 흘러가는 듯했으나 그 친구와 레벨의 차이가 조금씩 나기 시작하였고 며칠 지나지 않아 큰 차이로 벌어졌다.

초반에는 같은 미션과 퀘스트를 해나가며 재미있었지만, 어느 순간부터는 같이할 수 없게 되었다. 내가 게임에 접속하면 길드(그룹, 게임 내의 동아리 같은 개념) 내에서는 인사만 하는 정도였지만 그 친구가 접속하면 같이 무엇인가를 하자며 많은 사람이 찾았다. 심지어 내게 그 친구는 언제 접속하는지를 물을 정도였다. 온라인상이지만 약간은 섭섭하고 그렇게 격차가 벌어진 것에 대해 경쟁심이 일기도 했다. 그런 경쟁심에 시간을 더 투자하는 것은 무의미하다는 생각에 게임을 그만두었다.

그만두며 생각한 것이 바로 저축하는 것이 답이 아닐 수 있다는 것이었다. 아니, 무슨 게임을 하고 나서 갑자기 생뚱맞게 저축은 답이 아니라고 말하는지 궁금한가? 게임을 하며 그 친구와 격차가 벌어진 이유를 생각해 보았다. 그리고 찾은 답은 온라인 게임 내의 '게임머니'였다. 그 친구는 항상 '게임머니'가 부족하다고 말하였지만, 난 적지 않게 계속 유지되고 있었다.

"넌 뭐 하는데 매일 돈이 없냐?"

"미션 수행하는 데 그냥 사서 진행하는 게 빠르니까."

"그거 하루에 한 번씩 사흘만 하면 되는 걸 왜 사서 하는 거야?"

"기다리면 뭐해. 그냥 사는 게 빠르지."

이 친구가 게임을 잘(?) 이해한다는 것을 느꼈다. 난 무료로 할 수 있는 퀘스트를 3일 동안 진행하고 이 친구는 3일의 시간을 게임상의 돈으로 줄인 것이다. 그리고 캐릭터가 입는 장비며 이것저것 손품(일명 노가다라고 한다)을 팔아야 할 것을 게임의 돈으로 빠르게 넘어가며 진행을 했다.

"어차피 레벨이 높아지면 그 돈 모으는 시간이 더 빨라지는데 뭐 하려고 아껴?"

이 친구는 게임의 구조가 어떻게 되어 있는지를 파악하였고, 레벨을 높이는 것에 집중하여 많은 사람이 찾는 사람이 되었다. 난 인벤토리(게임 내 지갑 혹은 가방)에 돈이 많았지만, 돈이 많다고 알아주는 사람은 없었다. 그렇게 격차도 벌어지게 되었고 결국은 그 돈은 쓰지도 못한 채 그만두었다.

현실에 이 게임을 대입해 보면 내가 가진 문제점을 찾거나 좀 더 나은 모습이 될 수 있지 않을까?

자신이 가진 통장 잔액을 지키기 위해 사고 싶은 물건이 있어도 쉽사리 구매하지 못하고, 배우고 싶은 것도 좀 더 여유를 가졌을 때로 미루는 버릇이 있지 않은가? 가보고 싶은 곳이 있어도, 먹고 싶은 것이 있어도 사치라 생각하여 미루거나 안 해도 그만이라고 자신을 위로하고 있지는 않은가?

　자신의 분수에 맞지 않은 소비를 하라는 이야기가 아니다. 단지 자신에게 얼마큼 투자를 하고 있는지를 생각해 보자는 것이다. 더 배우고, 더 경험하기 위해 할 수 있는 것이 있음에도 통장 잔액을 증가시키는 것에만 집중하고 있는 것은 아닌지 말이다. 돈을 번다는 것은 멋진 노후 생활을 위해 준비하는 것도 있겠지만 필요한 부분에 쓰기 위해서인데, 필요한 부분 중에 나를 위한 것이 얼마나 되는지를 판단해 볼 필요가 있다.

　한때 나는 기타를 배우고자 하는 마음이 가득했다. 그래서 인터넷을 통해 어떤 기타가 좋은지에 대한 정보를 모으고 동영상 강의와 연주하고 싶은 곡의 악보들을 준비해 놓고 고민 끝에 기타를 구매하였다. 그러나 며칠 지나지 않아 기타는 먼지가 가득한 상태로 내 방 한구석에 놓이게 되었다. 한 달에 15만 원이 넘는 기타 강습을 듣지 않고 혼자서 할 수 있다고 생각했기 때문이다.

　하지만 난 기타를 사기 위해 준비한 시간과 기타를 구매한 비용까지 모두 손해를 보았다. 한 달이 되었건 두 달이 되었건 기타 강습을 받았더라면 지금쯤 내가 좋아하는 노래 한 곡 정도는 즐겁게 칠 수 있지 않았을까? 당장 눈앞에 보이는 15만 원이란 강습료를 나에게 쓰지 않았던 것이 시간을 버리게 한 것은 아닐까?

　지금도 자신을 위한 투자(돈 또는 시간)가 어렵다면 작은 것부터 하나하나 해 보는 것이 좋다. 당장 하지 않아도 괜찮다는 생각이 자신을 한 단계 끌어올릴 기회를 막을 수 있기 때문이다. 물건을 구매한다는 것, 무엇인가를 배운다는 것, 가 보고 싶은 곳에 가 보는 것, 먹어 보고 싶은 것을 먹어 보는 것 등이 지금만 할 수 있는 기회라고 생각해 본다면 결코 아깝지 않을 것이다.

　이제는 돈이란 것에 대한 생각의 틀의 관점을 조금만 돌려 나를 위한 현명한 소비 습관을 기르는 것이 중요하다고 인식해 볼 필요가 있다.

③
[생각의 틀]
a와 a'

    뜻밖에도 많은 사람들이 실패를 경험하고도 같은 방법을 사용하여 똑같은 실패를 경험한다. 작고 사소한 일의 실패에는 더 둔감하며, 다음에는 잘 될 수 있다고 생각한다. 그리고 그 실패에 대해서는 '무엇인가를 시작하였다'는 '실행' 자체에 대해 의미를 두고 넘어간다.

    많은 책들이 '생각을 실행하는 것이 중요하다'라는 내용으로 많은 호응을 얻고 있다. 의지가 약하다고 생각하거나 무엇을 시작하는 것에 두려움이 많은 사람에게 실행의 중요함을 강조하고, '이렇게 하면 당신도 시작할 수 있다'라는 마음가짐을 갖게 한다.

    하지만 어렵게 시작하여 실행하고 있음에도 원하는 결과가 나오지 않아 실망하거나 시간을 투자한 것이 아깝게 느껴지는 경우도 종종 있다. 그리고 또 똑같이 어려운 시작을 하여 실행을 하고도 또 똑같은 실패를 겪게 된다.

    혹시 원하는 결과가 나오지 않는 이유가 이전에 실패한 방식대로 실행에 옮기고 있어서는 아닐까?

    각자가 '이 방법이 옳은 길이며, 목표를 달성할 수 있을 것 같다'라는 확신을 하고 시작하더라도 실패를 하게 된다면 대부분 실패의 원인을 의지의 문제라고 생각한다. 의지가 부족하여 지속적이지 못했고 그것이 실패를 만들었다고 생각한다. 그리고 더 문제인 것은 계속되는 실패의 원인을 이전과 같이 의지적인 부분으로 탓하는 것이다.

물론 의지적인 부분이 크게 작용할 수 있지만 똑같은 방법으로 시도하고, 똑같은 실패를 얻었다면 정말 의지적인 부분에만 문제가 있는 것일까?

《영어공부 절대로 하지 마라》라는 책을 보며 영어에 대해 다시 생각해 보게 되었다. 이 책은 우리가 한글을 글자부터 배운 것이 아니라 부모와 주변 사람들로부터 들려오는 소리로 배우고, 그 소리를 흉내 내고 따라 하게 됨으로써 자연스럽게 익힌 것이라 설명한다. 주변에 보이는 책, 간판 등 다양한 경로에서 자연스럽게 익혀지는 것처럼 영어를 생활에서 자주 접하게 되면 자연스럽게 체득하게 된다는 내용이다.

나는 영어 공부라고 하면 늘 기초적인 단어부터 시작하여 기본적인 문법을 익히고, 간단한 문장부터 말하며, 문장 내용에 단어들만 바꿔 가며 응용하면 된다고 생각했다. 내 생각대로만 공부했다. 내가 아는 범위에서 내 생각대로만 진행해 놓고 영어가 늘지 않는 이유를 노력과 시간의 부족이라고 생각했다. 이전에 실패했던 방법을 다음번에 또 시도하고, 또 의지 문제를 운운하며 같은 방법으로 다른 결과를 원했던 것이다.

좋은 사람을 만나기 위한 소개팅, 선 자리에서도 똑같은 방법으로 똑같은 질문을 하고 똑같이 진행한다면 횟수가 많아질수록 누군가에게 통할 수 있는 확률은 높아질 것이다. 과연 확률을 높여 가는 것이 좋은 방법일까? 확률이 높아져 결실을 이루는 순간까지 똑같은 방법과 질문을 진행하는 것은 괜찮은 것일까? 누군가와의 연애가 이루어지지 않는 것을 '인연'이 아니었다는 것으로 탓하고 인연을 찾아 계속 도전해야 할까?

회사에서 신입사원 혹은 오래되지 않은 1~2년 차 직원들의 퇴사율이 높다면 퇴사자들 개개인의 사정과 성격, 성향 등의 문제라 생각해야 할까? 변화를 주지 않아도 남아 있는 직원들이 많고 일하고자 하는 사람이 많으니, 지금의 회사 정책과 복지 등을 계속 고수하며 이곳에 적응하는 직원을 찾을 때까지 계속 채용과 퇴사를 반복해야 할까?

실패를 반복하는 것의 가장 큰 문제는 실패한 원인이 매번 같은 이유라고 믿기 때문이다. 방식에 문제가 있음에도 의지의 문제라 생각하고, 방법의 차이가 있음에도 인연의 문제라 믿으며, 회사에 문제가 있음에도 불구하고 퇴사자 개개인의 문제로 치부하는 것이 바로 문제이다.

실패해 왔던 a라는 방식을 하루아침에 전혀 다른 b로 바꿀 수 없을 것이다.

계획적인 삶을 살고자 하는 다짐과 의지만으로 시간 계획을 자세히 세우지 않고 살아온 a방식에서 철저하게 시간을 지키는 b방식으로 바꾼다면 얼마 지나지 않아 다시 a방식으로 돌아올 것이다. 그렇기에 우리는 b라는 방식이 아닌 a`라는 방식이 필요하다. a`에서 다시 a``로 바꾸고, 점점 방식을 발전해 나가다 보면 처음에 생각한 b라는 방식으로 바뀔 수도 있고, 전혀 다른 c 방식으로 바꾸어 나갈 수도 있다.

생활 속에서 잘 풀리지 않는 일이 있다면 그 일을 풀어나가는 방식에 대해 고민해 봐야 한다. 그리고 계획대로 진행되지 않은 일이나, 목표하고 꿈꾸던 삶을 이루지 못하는 것을 시대적, 시간적, 환경적인 요소로 탓하고 넘기는 것보다 실패했던 '나의 방식과 생각'이 또 다른 실패를 만들고 있는 것은 아닌지 생각해 보자.

④
[생각의 틀]
원하는 것의 의미

　청년실업이 늘고, 일자리를 찾지 못하여 졸업하지 않는 대학생들이 많다는 뉴스가 주기적으로 나오고 있다. 여기에서 일자리란 개념은 자신이 원하는 수준에 맞는 자리를 말한다. 일할 수 있는 자리는 많지만, 자신이 투자하고 노력한 시간에 비교해 보상이 적다고 느껴진다면 일자리라 말할 수 없을 것이다.

　자신이 하고자 하는 일을 하기 위해 직장을 찾는 사람보다 원하는 수준의 급여와 복지의 눈높이가 높아져 일자리를 구하는 것이 어렵다. 대부분 누구나 알 수 있는 대기업이나 특정 분야에서 많이 알려진 회사에 다니며 높은 급여와 잘 갖추어진 복지를 누리기 위해 노력하는 것으로 볼 수도 있다.

　경제 성장이 활발하여 회사의 규모가 매해 팽창하고, 더 많은 일자리가 생겨나는 시대가 아니라는 것은 받아들여야 할 현실이다. 매해 일자리보다 졸업생들이 더 많아지고 있다는 것, 즉 회사의 수요보다 대학의 공급이 많아지는 것을 알고 있다면 자신의 눈높이에 대한 변화도 필요하다.

　물론 사회생활의 시작점이 낮은 것에 대해 경계하는 사람들도 있다. 회사에 들어가 일을 하다 보면 다음에 생길 좋은 기회를 놓치거나 맡은 업무로 인해 자기계발을 못 할 수 있다고 생각하는 사람들이 있다. 그러한 마음에 쉽게 회사에 들어가는 것을 꺼린다.

또한, 자신이 원하는 회사가 아니었다는 생각에 그만두게 된다면 그것이 다음 기회를 얻는 것에 오점으로 남는다고 생각한다. 짧게 다닌 회사생활은 자신이 원하는 일을 찾기 위한 노력으로 봐줄 수 있는 것임에도 불구하고, 좋은 방향으로 생각해 주지 못하는 상대방의 생각의 틀 때문에 지금 눈앞에 주어진 기회를 잡지 않는 것이다.

어느 날 취업준비생을 방청객으로 모아 놓고 토크를 하는 TV 프로그램을 본 적이 있다. 몇몇 취업준비생에게 하고 싶은 말, 전하고 싶은 말이 있는 사람에게 영상편지를 보낼 수 있게 해 주었다. 그중 몇 년째 경찰공무원 시험을 준비하고 있는 학생이 부모님께 '정말 경찰이 되고 싶어서 노력하고 있으니 조금만 더 기다려 달라'는 메시지를 보냈다.

나는 직업에 대해 '하고 싶다', '되고 싶다'라는 마음을 가진 것이 부러웠다. 하고 싶은 것, 되고 싶은 것을 정확하게 말할 수 있고, 그 길을 가기 위해 노력하는 것이 대단하다고 생각했다. 나는 과연 하고 싶은 일과 되고 싶은 것이 무엇인지에 대해 당당하게 말할 수 있는지를 반성하게 하였다.

특정 직업을 갖기 위해 정해진 시험을 준비하는 멋진 모습도 있는가 하면 그렇지 않은 경우도 있다. 몇 년째 시험을 준비하고 있는 친구는 다니던 회사도 그만두고 시험 준비에 최선을 다하고 있다고 말했다. 그 친구는 직업에 대한 열정보다는 안정적 타이틀에 집착하고 있었다. 타이틀을 얻음으로써 다른 사람의 시선 속에서 우월감을 느끼고 싶은 것 같았다.

어떻게 보느냐에 따라 다르겠지만, 자신이 하고자 하는 일에 대한 간절함에서 시작한 것인지, 자신이 해 온 것에 대한 보상을 원하는 것인지에 대해 깊게 생각해 볼 필요는 있지 않을까? 어쩌면 '이것이 아니면 안 된다'는 생각의 틀이나 '이것밖에 모르기 때문에' 자신을 스스로 외통수로 몰고 가 다른 기회를 잡지 못하는 것은 아닐까? 진심으로 원하는 것이 아닐 수도 있다.

취업이 안 되어 못하는 것인지, 원하지 않아 안 하는 것인지에 대해 질문하면 분명하게 대답하는 사람이 많다. 자리가 있지만, 자신이 생각했던 것이 아니라 말한다. 생각의 틀에 자리 잡힌 자신이란 존재의 가치를 낮추는 것은 문제가 있겠지만, 눈높이를 현실에 맞게 조정하는 것은 필요하지 않을까? 누구나 당연히 개인의 희망이나 욕심, 보상심리 등으로 원할 수 있지만, 그것만을 향한 시선과 눈높이는 현실에 맞게 조절할 필요가 있다.

선배들의 성공적인 대기업 입사 사례들만 바라보며, 나 또한 그렇게 되어야 한다고 생각하는 것이 자신의 발목을 잡고 있는 것은 아닐지 생각해 보아야 한다. 길지 않은 시간을 투자하여 국가고시나 공무원시험에 합격한 성공 사례만 보며 맹목적으로 시험을 준비하는 것은 아닐지 말이다.

⑤
[생각의 틀]
연속의 강박

작심삼일을 경험한 적이 없는 사람도 있겠지만, 대부분의 사람들은 작은 일에도 며칠을 넘기지 못하는 경우가 많을 것이다.

우리는 무엇인가를 계획하고 실행하는 것에 의미를 더하기 위해 특정일을 기점으로 시작하고자 하는 경향이 있다. 가장 많은 것이 1월 1일로, 새해부터 새롭게 시작하는 것을 다짐하고 실행하고자 한다. 그리고 끊임없이 연속적으로 이루어 나가거나 실행하는 것에 초점을 맞춘다.

하지만 예기치 못한 일에 계획이 무너지면 실패했다고 생각한다. 그리고 새로운 달 2월 1일부터는 다시 시작할 것을 다짐한다. 이렇게 시작과 다짐을 반복하며 한 해가 끝나갈 때 즈음에는 다시 새해부터 잘하리라 마음먹는다. 이러한 과정을 반복하는 생각의 틀에 문제는 없는 것일까?

특정일을 기준으로 분위기를 환기하고 새로운 것(예를 들어 운동)에 도전하거나 기존에 해 오던 일(예를 들어 금연, 금주)을 '날짜'를 기준으로 새로 시작하는 것도 하나의 방법일 것이다.

하지만 100m 달리기도 준비운동 없이 갑자기 달리면 좋은 결과를 얻을 수 없다. 100m 달리기처럼 단기적인 계획이라면 성공하거나 이룰 수도 있겠지만, 마라톤처럼 인생 전체를 달려야 하는 장기적인 계획이라면 아무런 준비운동 없이 잘 달릴 수 있을까?

새해가 되면 많은 직장인은 금연과 금주를 하겠다는 다짐을 가장 많이 한다. 그래서 12월에는 새해에 대해 준비운동을 하기보다는 이제 다시 안 하고, 못할 것으로 생각하며 평소보다 더 담배를 태우고 술을 마신다.

그것은 자리 잡힌 습관적 문제를 의지의 문제로 생각하여 의지만 있다면 할 수 있다는 오류 속에 빠지는 것이다. 점차적인 개선이 필요한 문제를 마음먹으면 할 수 있다는 잘못된 생각의 틀이 목표를 위한 준비운동을 하지 않게 만드는 것이다.

그렇게 준비운동을 하지 않은 상태로 새해를 맞이하여 강한 의지와 다짐으로 금연과 금주를 시작한다. 자신의 강한 의지를 믿으며 며칠은 잘 지켜나가지만 이내 실패하고 마는 사람들은 자신의 의지 부족이나 갑자기 생겨난 변수로 인한 실패라고 생각하며 자책하거나 탓하며 끝난다. 그 후 다음 달 1일 같은 특정일을 기점으로 다시 다짐을 하는 사람이 있고, 다음 주 월요일 같은 '요일'에 의미를 두고 다짐하는 사람이 있다. 그리고 그 기점을 시작으로 다시 연속성을 추구한다.

여기에서 우리의 생각의 틀이 무엇을 중시해야 하는지 생각해 보아야 한다. 우리가 중요시하는 것이 금연과 금주를 이루는 것인지, 몇 월 며칠부터 시작하여 며칠을 유지하고 있는 것이 중요한지를 말이다.

매일 운동을 열심히 하겠다는 계획을 세웠지만, 상황에 따라 하지 못하게 되는 경우가 발생한다. 그러한 경우 우리가 실패로 단정하고 새로운 계획을 세우는 것에 초점을 맞출 것인지, 연속적인 부분에 의미를 두지 않고 계속 계획을 이끌어 나갈 것인지에 대해 생각해 보아야 한다. 일주일이란 시간을 놓고 월·화·수는 운동이란 목표를 이루었지만, 목·금에는 운동하지 못하였고 토·일은 운동을 함으로써 7일 중 5일의 목표를 달성하였다면 약 71%의 성공을 한 것으로 생각해 보는 것은 어떨까?

나 또한 시작하는 일을 많이 계획해 보았다. 학창 시절에는 하루에 영어단어 10개씩 무조건 외우기, 사회생활에서는 하루 20분씩 운동하기 등 수없이 많은 계획을 세우고 실행해 보았다. 1·2·3일 잘하던 것이 4일 하루 못하게 되면, 연속적인 것이 끊겼다고 생각되어 끊긴 하루로 인해 다음 주, 다음 달, 다음 해로 넘기는 일이 많았다. 이렇게 연속적으로 '날짜'를 채워 가는 것에 집중하고 있었다는 것을 알게 되었다.

그래서 무엇이 의미가 있는지, 중요한지를 생각하며 다음 시작 목표일까지 기다리는 것이 아니라 목표를 수정하며 조금씩 시작하거나 끊긴 하루를 무시하며 계속 이어 나가는 것에 집중하였다. 그러나 다양한 변수들로 잠깐 끊어졌던 계획을 이끌어 나가는 것 또한 쉽지만은 않았다. 그렇다고 다시 의지를 다지는 시간을 갖는 것에 투자하고 싶지 않았고, 지나간 시간은 어쩔 수 없으므로 계속 계획을 이끌었다.

글을 쓰기 시작하며 '하루에 한 챕터 작성하기'라는 목표 속에서 연속성을 중시하였다면 '하루도 빠짐없이 글을 쓰는 것'에 집중하는 오류를 범했을 것이다. 그 오류는 '글쓰기'란 본연의 목표보다 '작성'으로 인한 '연속적 달성'에 초점을 둔 것이다. 그래서 글을 쓰며 얻는 성취감보다 달성이란 완료 부분에만 매달렸을 것이다.

이루고 싶은 목표의 높고 낮음이나 크기와는 관계없이 잘 이루어지지 않고 있다면, 연속성과 연결이 되어 있기에 그런 것은 아닐까? 그렇다면 이제까지 가져왔던 연속성을 과감히 무시하며 진행해 보는 것은 어떨까?

❻
[생각의 틀]
생각과 고민

 같은 말인 듯 같은 말 아닌 같은 말일 것 같은 단어. 물론 사전적 의미는 다르고, 쓰이는 곳과 분위기에 따라 같을 수도 있고 다를 수도 있는 단어이다.

 어떤 일이 발생하였을 때 '해결해 나가는 방법을 생각해 본다', '해결해 나가는 방법을 고민해 본다'라고 말한다. a란 일에 대해 x와 y 등의 선택사항을 준다고 하자. x를 해야 할지, y를 해야 할지를 갈등하는 것을 고민이라고 볼 수 있다. x를 하면 y를 하였을 때보다 무엇이 더 좋을지, y를 하면 x보다 무엇이 더 좋은지를 선택사항 안에서 상대적으로 비교하는 것이다.

 다시 a란 일에 대해 x와 y 등의 선택사항을 준다고 하자. x를 하면 어떻게 될 것인지를 예측하고, y를 하면 어떻게 될 것인지를 계산해 보는 것은 생각이라고 볼 수 있다. x를 하였을 때 발생하는 일들과 나아갈 수 있는 방향을 짐작해 보고, y를 하였을 때는 어떠한지 등 x와 y를 절대적인 관점에서 계산해 보는 것이다. x와 y를 조합하여 새로운 z를 생각해 내는 것도 가능하다.

어떤 일에 대한 고민이 잘 풀리지 않는다면 생각으로 전환해 보는 방법은 어떨까? 고민이 계속된다면, 생각을 통해 다른 대안을 찾아보고 다시 고민으로 판단해 보아야 하는 것은 아닐까?

반대로 생각이 많아 선택의 어려움이 생긴다면, 고민으로 전환하여 무엇이 더 좋을지를 비교하며 풀어 보는 방법은 어떨까? 계속되는 생각으로 새로운 것만 찾는 방법이 아니라 기존의 대안부터 판단하여 결정을 이루어 낼 수 있지 않을까?

어쩌면 생각을 해야 할 시기에 고민하고 있고, 고민해야 할 시기에 생각하고 있기에 결정의 어려움이 발생하는 것은 아닌지 생각해 보자.

❼ [생각의 틀] 기본과 기교

본질이 바뀌지 않았는데 기교만을 더하는 것이 큰 효과가 있을까? 목표하는 것을 이루고자 노력하고 있다면 기본과 기교를 생각해 볼 필요가 있다.

노래를 부를 때 선천적인 것도 중요한 요인이 될 수 있겠지만 배우고 연습을 한다면 선천적인 능력을 뛰어넘을 수 있다고 한다.

'노래를 잘 부른다'는 기준이 모두 다르고 수치화할 수 없지만, 누구나 공감할 수 있는 기준이 있다.

일반인이 누구나 공감할 만한 기본적인 기준을 넘어 가수 수준에 도달하려면 바이브레이션 같은 기교만으로는 극복할 수 없는 부분이 분명 존재한다. 노래를 부를 때 사용하는 발성과 호흡, 발음까지 연습해야 할 일이 많다. 기본을 단단히 다지고 그 위에 감성과 기교를 더해야 더 좋은 소리로 노래할 수 있을 것이다.

이렇게 기본과 기교에 대한 부분이 나누어져 있고 기본을 바탕으로 기교를 쌓아야 함을 알고 있다. 하지만, 우리가 가진 생각의 틀은 빠른 결과를 내기나 성과를 이루기 위해 기본보다 기교에 집중하고 있지 않을까?

꼭 노래를 부르는 것에만 국한된 이야기가 아니다. 본인이 가지고 있는 기본적인 부분을 개선하고자 할 때, 기교적인 방법으로 이루고자 하여 개선하고자 하는 일에 변화를 가져오지 못하고 있는 것은 아닐까? 아니면 자신의 기본적 부분들을 잘못 파악하고 있기 때문은 아닐까?

이것은 기초가 되지 않은 발성과 호흡으로 노래하는 것과 같이, 겉으로 보이는 형식적인 변화만을 꿈꾸기 때문이다. 타고났다고 생각하는 체질이나 재능, 몸에 밴 습관 등으로 인해 같은 내용을 학습하고 배운다고 하여도 적용되는 방법이 다 다르다.

한창 연애가 잘 안되는 시절이 있었다. 좋아하는 여자에게 번번이 퇴짜를 맞으며 '인연이 아니었구나' 하며 넘기지 않고 무엇이 부족한지에 대해 생각해 보았다.

연애도 공부가 필요하다는 생각에 '여자가 좋아하는 남자 스타일', '여자들이 좋아하는 대화법' 등 보이는 것과 말하는 것에 집중하였다. 어느 정도 성과는 있었다고 생각하지만, 그것이 근본적인 문제까지 개선해 주지 않았기에 실패는 계속되었다.

그렇다면 연애의 근본은 무엇일까? '진실한 마음', '최선의 노력' 등의 추상적인 이야기를 하는 것이 아니다. 정답이라고 말할 수는 없지만, 연애의 주체는 '나'다. 나만이 가질 수 있는 매력, 개성 등 내가 갖고 있으며 가질 수 있는 것, 자신감과 자존감 등을 내가 가져야 하는 것으로 생각했다. 그 후에 나에게 어울리는, 이미지에 맞는 스타일과 화술을 익히며 연애를 풀어나갔다.

우리는 삶의 성공에 대해서도 기교적인 부분만을 더해 왔던 것은 아닐까? '부와 명예를 이룬 사람들의 성공적인 신화'에 맹목적인 믿음을 갖거나, '며칠 안에 자신을 변화시킬 수 있다'라는 자기계발서만 따라 하기에 급급해서, 기본적인 부분을 놓치고 기교의 방식만을 찾아서 실행하는 것은 아닐까!

기본과 기교의 구분 기준은 본인에게 있다. 본질적인 부분이라 생각하는 요소는 대부분 추상적인 단어들로 이루어지겠지만, 자신만의 정의로 구별해 내고 받아들이는 방식을 달리하는 것도 방법이다.

그래서 우리는 인문학적 성찰을 통한 '나'를 찾는 일에 힘을 쏟고 있는지 모른다. '나'라는 사람의 특성을 명리학(사주)에서 찾아보기도 하고, 철학을 공부하며 자신과의 대화도 하고, 혼자 떠나는 여행 등 다양한 방법을 통해 '나'라는 본질을 알고자 노력한다. 본질적인 부분은 '나'를 찾는 것이며 그 본질에 맞는 계획과 실행이 뒷받침된다면 지금보다는 계획을 잘 실행할 수 있을 것이다.

8

[생각의 틀]
향기 없는 꽃

나는 마음에 드는 이성에게 다가갈 때 활발한 성격과 재미있는 표정들, 몸짓 등으로 호감을 주는 사람이었다. 하지만 연애가 시작되고 나면 알 수 없는 기대감을 채우지 못하고 정리당하는(?) 경우가 몇 번 반복되었다.

이성에게 호감을 주는 매력, 사람으로서 호감을 주는 매력이 강하게 나타나는 사람이 있다. 전문적이고 열정적으로 일하는 모습, 취미 활동을 즐길 줄 아는 모습, 주변 사람을 잘 챙기는 모습, 묵묵하고 듬직해 보이는 모습 등 셀 수 없이 많은 모습으로 존재하며 그것을 상대방이 받아들이는 것 또한 다양할 것이다.

어떻게 보면 난 그냥 재미있기만 한 사람이었다. 모임이나 만남의 자리에선 유쾌하고 즐거운 분위기를 이끌어 가는 분위기 메이커 정도였으며 그것이 매번 지속되다 보니 원래 저런 사람이란 이미지를 갖게 된 것이다. 진지한 면도, 아프고 힘든 면도 있었지만, 웃음에 대한 강박감이 있었고 '서로가 만나기 위해 시간을 투자하였으니 웃고 떠들며 즐겁게 보내는 것이 최고'란 생각이 나 자신을 그렇게 만들어 온 것이다. 유쾌한 분위기를 만드는 것은 모임에서의 매력이겠지만 남자로서의 매력은 아니었다. 그렇다면 연인으로서의 매력은 무엇일까?

'연애를 글로 배운다'라는 말은 싫어했지만, 매력이란 무엇일지, 난 어떤 매력으로 상대방에게 호감을 살 수 있는지, 어떠한 매력으로 만남을 유지해 나갈 수 있는지를 찾기 위해 연애 관련 도서도 보게 되었다. 그리고 주변 사람들에게도 내가 이성으로서, 친구로서 어떻게 보이는지를 물었다. 그러다 듣게 된 친구의 말이 뚜렷하게 기억에 남아 있다.

"호감을 잘 사겠지만, 그 호감만 보고 만나는 사람은 실망감이 더 크게 느껴질 수 있다."

연애뿐만 아니라 많은 사람을 알게 되어도 더 가까워지거나 지속적이지 못했던 내 모습을 생각해 보았다.

매력이란 이미지와 연관이 있다. 자신이 가진 생각의 틀에서 행해지는 말과 행동들이 자신의 이미지를 만들고, 그 이미지가 전달되면 상대방이 감정으로 끌리는지 아닌지가 결정되어 인연이 판가름 난다.

평소에 친하지 않았던 선배를 만난 적이 있다. 업무 때문에 연락했었는데, 소개팅을 마치고 집으로 돌아가는 길이라며 답장을 하였고, 소개팅 후에 우울하다는 이야기를 듣게 되었다. 커피 한잔을 하자는 선배의 제안에 만나서 이야기를 하게 되었다.

"나는 아무것도 하지 않았는데 소개팅에서 처음 만난 사람이 날 쉬운 여자로 생각하고 가볍게 대했다."

글이라 표현을 절제하였지만, 성희롱에 가까운 이야기들을 듣고 왔다고 했다.

선배는 평소에 꾸미기 좋아하고 도도하며 예쁘장한 이미지였다. 본인도 자신의 이미지에 문제가 있는 것을 어느 정도 알고 있는 눈치였다. 남들이 어떻게 보느냐에 관심을 두지 않고 자신을 좋아해 주는 사람들만 만나고 살 수 있다면 좋겠지만, 원하지 않아도 만나야 하는 사람들이 있기에 반복적으로 느껴지는 이미지에 대한 문제로 많은 상처를 받은 것 같았다.

그렇다고 그 선배가 만나는 사람마다 '나는 당신에게 보이는 그런 사람이 아니다'라는 것을 설명할 필요가 없다. 상대방에게 말을 한다고 하여 그것이 고스란히 전달되는 것이 아닌 것을 알고 있기 때문이다. 그렇기에 답답했을 것이다. 이렇게 본인이 의도하든 의도하지 않든 상대방에게 남겨지는 이미지에 대해 아직도 고민하고, 걱정하고 있는지 모르겠다.

하지만 짧은 시간 동안 같이 일을 하게 되면서 나 또한 그 선배에 대해 다시 생각하게 되었다. 선배는 패션의 동향과 명품이 한가득한 잡지를 볼 것이라는 생각과는 다르게 마음의 소양과 긍정적인 삶에 대한 책을 많이 읽었으며, 눈에 보이지 않게 다른 사람들을 도와주는 일도 있었고, 하는 행동도 조심스러웠다.

그렇지 않을 것 같은 사람에게서 느껴지는 반전의 매력. 고민을 듣고 난 후라 다르게 보기 위해 노력했기 때문에 나의 생각의 틀이 좋은 시선으로 바라보게 된 것일까? 그 선배의 겉모습에서 느껴지는 것만 생각한 선입견과 편견에 대한 생각의 틀이 있었던 것은 아닌지 다시 생각해 보았다.

누군가를 판단하기엔 짧은 대화나 주변에서 들리는 이야기들 때문에, 한 방향으로 시선이 치우친 상태에서 상대방을 대하고 있는 것은 아닐까?

직장 내에서 같이 일하기 힘들다고 소문난 A라는 사람이 있다고 하자. 처음부터 그 소문을 듣고 A라는 사람의 이미지가 쌓여 있는 상태에서 A와 대화하였다고 하자. A라는 사람을 객관적인 관점으로 보거나 온전한 내 생각의 틀로 받아들이고 바라볼 수 있을까?

소문이 좋지 않은 사람과 일을 하게 되었을 때 정말 소문대로 좋지 않은 부분도 있지만, 생각보다 괜찮거나 좋은 부분도 분명 존재한다. 하지만 그런 다른 모습도 있을 수 있는 것을 인정하기보다 의심하고 경계부터 하게 되는 것은 소문으로부터 영향을 받은 이미지로 인한 왜곡은 아닐까?

이런 생각 끝에 '내 매력이 무엇일까?'라는 생각을 접게 되었다. 매력이란 것이 인위적으로 만든다고 하여 만들어지는 것도 아니고, 상대방이 '나의 모습을 온전하게 봐줄 수 있는가'에 대한 의구심 때문이다. 내 이미지는 내가 가진 생각에 따라 만들어지는 행동, 말투, 몸짓 등으로 표현되어 이미지로 남게 되고 그 이미지를 어떻게 받아들이는지를 알 수 없기 때문이다.

내가 추구하는 즐거움도 누군가에게 잘 전달되어 매력이 될 수 있고, 가끔 보이는 까칠한 면도 상대방에게는 좋게 받아들여질 수 있다. 누군가에게는 '향기 없는 꽃'일 수 있고, 다른 누군가에게는 '매력 있는 꽃'이 될 수 있을 것이다. 그래서 나는 누군가에게 잘 보이기만을 위한 일을 하지 않는다. 잘 보이고자 하는 인위적인 모습으로 인해 상대방이 오해할 수 있기 때문이다.

다른 사람들에게 표출하기 위해 매력이 존재하는 것이 아니다. 매력을 알아달라고 말하는 것은 진짜 매력이 아닐지도 모른다.

좋은 마음과 의도를 가지고 있음에도 평소 누군가와의 관계가 불편해 스트레스가 발생한다면 생각의 틀을 달리하여 이미지를 점검해 보자. 나에 대한 이미지가 잘못되어 불필요한 오해들이 발생한 것일 수도 있기 때문이다. 반대로 내가 가진 상대방에 대한 잘못된 이미지로 인해, 거부감과 불쾌함을 갖고 상대방을 대하기에 문제가 발생할 수도 있다.

❾ [생각의 틀] 조작은 비겁한 것이 아니다!

나는 '글을 쓰겠다' 마음먹었다. 그리고 예전부터 생각하고 작성하였던 아이디어에 대해 자료들을 모으고, 이야기하고자 하는 방향에 대해 구성하고, 글의 흐름 등에 대해 계획을 세웠다. 계획적으로 잘 진행되었다면 이 책은 2013년 즈음에 나왔어야 했지만 그러하지 못했다.

'이런 내용으로 어떻게 메시지를 전달할 수 있겠어?'
'내가 과연 내 생각을 제대로 표현하고 있는 건가?'
'문법이나 맞춤법도 매번 틀리는 것 같은데…. 사람들이 비웃지 않을까?'
'내가 책으로 무엇인가를 전달할 수 있는 자격은 있는 것일까?'
'회사 일도 많은데 그냥 일이나 열심히 할까?'
'연애도 하고 싶고 결혼도 해야 하고 할 일이 얼마나 많은데….'
'악플에 시달리거나 나를 조롱할 수 있는 구실을 마련하는 것은 아닐까?'
'차라리 운동이나 하면 건강에나 좋을 텐데 왜 이런 스트레스를 받고 있지….'

이렇게 부정적인 생각들이 꼬리에 꼬리를 물면서 나를 방해하였다. 몇 달간 계속되었던 스트레스는 결국 '글을 쓰지 않는 것이 좋겠다'라는 결론을 내리며 편하고 즐거운 것을 추구하자는 방향으로 살았다. 내가 선택적으로 하지 않아도 되는 일이라면, 일부러 하기 싫은 일을 하면서 스트레스를 받는 것보다 더 나은 선택이라 믿었다.

그렇게 잊고 지내던 어느 날, 라디오에서 '꿈'과 '열정'이란 단어를 듣고 이루지 못했던 나의 이야기들이 생각났다. 그렇게 다시 열어 본 글에서 **생각의 틀**을 나의 상황에 맞게 바꾸어 인식하여야 한다는 내용과 스스로 유리한 방향을 찾아가자는 내용, 답답하고 힘든 상황들을 다른 관점에서 생각하여 이해하자는 내용을 보았다.

내가 책 쓰는 일을 하지 않아도 되는 일로 분류한 것은 내 **생각의 틀**이 부정적인 감정에 물들어 '자기합리화'를 한 것이며 '꿈'과 '열정'의 관점에서 생각하지 못한 일방적인 결정이었다.

그렇게 나 자신도 **생각의 틀**을 제어하지 못하고 '부정적인 요소들로 이루고자 하는 목표를 잊게 하였다'는 것을 인지하게 되었다. 그리고 '책을 쓰며 스트레스받는 것보다 안 쓰는 것이 좋다'라는 그때의 선택은 그 상황에 맞는 선택이고, 다시 글을 쓰겠다는 지금의 선택은 과거의 선택을 부정하고 후회하는 것이 아닌 새로운 선택임을 인정하며 다시 시작하였다.

그래서 글을 써야 한다는 목표에 긍정적인 감정과 요소들을 인위적으로 가하였다.
'그래. 자기 생각을 표현할 수 있다는 건 내 능력인 거야.'
'평범한 내용이지만 누군가는 보고 공감해 줄 수 있지 않을까?'
'큰 깨달음은 없지만 나를 생각하게 할 수 있는 책들도 내 책장 안에 많다.'
'한 문장, 한 구절이 좋아 기억나는 책도 있다.'

'회사 일의 능률을 올리기 위해서는 일을 하는 시간에 집중하면 된다.'
'온종일 책만 쓰는 것도 아니고 운동도 곁들여 가며 재미있게 해 보자.'
'책 쓰는 걸 멋있게 생각해 주고 존경해 주는 여자도 만날 수 있지 않을까?'
나에게 유리한 쪽으로 해석하는 '자기합리화'이다. 이런 '자기합리화'를 통해 나 자신을 '책을 써야 한다'는 이유로 가득 채웠다.

'자기합리화'라는 말은 비겁하고 이기적인 것으로 생각했다.
예를 들어 단독주택에 사는 것을 보며 "아파트가 관리하기도 편하고 편의시설도 잘되어 있는데, 왜 저렇게 손이 많이 가고 관리하기 힘든 주택에 살지? 난 그냥 아파트 사는 게 좋다"라고 이야기하는 사람이 있다고 하면, 우리는 그 사람의 재력을 먼저 생각하게 된다. 그 사람의 재력이 풍부함에도 아파트에 사는 것이 편하고 좋아서 아파트에 사는 사람이면 수긍하겠지만, 재력이 없는 상태에서 그런 말을 하였다면 '고급 주택에 살지 못하니까 아파트에 사는 게 편하다고 하는 거 아니야?'라고 생각하며 자기합리화를 위한 변명거리로 생각할 것이다.

정말 자기합리화에서 발생한 변명거리일까? 단지 좋은 주택에 살아 보지 못한 사람이 경험해 보지 못하여 생긴 미숙한 의견일 뿐일까? 그런 재력은 가지고 있지 않지만, 자신이 살아가는 모습에 만족하고, 그 안에서 행복하게 지내고 있다면 변명이 아닌 의견이 될 수 있지 않을까?

자신이 생각하고 행동하는 것에 대해 다른 사람들이 어떻게 평가할 것인지를 신경 쓰고, 그로 인해 스트레스를 받으며 자신을 스스로 괴롭히는 일은 없는지 생각해 봐야 한다. 자기합리화를 하여 자신에게 긍정적인 영향을 줄 수 있다면 다른 사람의 평가와 시선은 중요하지 않다. 당연한 이야기지만 가지고 있던 부정적인 요소를 긍정적인 요소로 바꾸어 생각하는 것에 두려움을 갖게 되는 건 나 자신의 문제보다 나를 바라보는 시선이 존재한다고 생각하기 때문이다.

나약해 보이면 어떠한가? 내가 스트레스받지 않고 나의 목표를 향해 간다는데 말이다.

어제는 밝고 상쾌한 분위기였다가도 오늘은 우중충할 때가 있다.
사람이기에 감정에 좌우되는 것은 당연할 수 있고
감정을 배제한 이성으로 행동하는 것이 당연할 수 있다.

어느 날은 상대방의 표정 하나에도 좋아졌다가
어느 날은 보는 것 자체만으로도 화가 났다.
특별히 싸운 것도 없지만 좋았다 싫었다를 반복한다.

내가 무엇인가를 마음에 들어 한다는 것은 그나마 표현하고 있지만
내가 무엇인가가 마음에 들지 않는다는 것은 알아주기 바라며 토라져 있었다.
나에게 와서 달래 주기를 바라는 듯 티를 내기도 했다.

그러던 어느 날, 비수 같은 한마디가 내 마음에 꽂혔다.
"네 성격이 지랄 맞아서 어느 장단에 춤을 춰줘야 할지 모르겠다."

기분 나쁜 포인트가 있다면 직접적으로 말하고
그렇게 생각하지 않아도 되는 것이 있다면 생각을 접어야 함에도
이 세상의 중심은 '나'니깐 나에게 먼저 다가와 풀어 주길 바랐다.

상대방도 기분에 따라 움직이고 있음을 인지하지 못했고
상대방도 내가 좋았다 싫었다 하는 것을 알지 못했으며
상대방도 나처럼 세상의 중심으로 살아가고 있음을 생각하지 못했다.

- 《시답지 않은 이야기》 그게 나였다 中

6장

경험

❶ [생각의 틀] 받아들임
❷ [생각의 틀] 일관성
❸ [생각의 틀] 종교적 신앙
❹ [생각의 틀] 좋아하는 것의 의미
❺ [생각의 틀] 한계를 정해놓은 만남

❶
[생각의 틀]
받아들임

우리는 직접 경험해 본 일에 대해서는 '잘 알고 있다' 느낄 것이다. 경험이 준 느낌이 남아 있거나, 경험을 통해 생각이 변한 부분이 있다면 느낌과 생각을 바탕으로 그 경험의 개별적 이미지가 자리 잡혀 있을 것이다.

우리의 생각의 틀은 얼마나 많은 경험적 지식을 축적하고 있을까?
식사를 위해 방문한 식당에 대해 '음식은 맛있었지만, 서비스 부분은 불쾌했다'라고 분야를 나누어 판단하는 경우가 있고, 영화나 책을 보며 '처음은 지루했지만 좋았다'라고 느끼며 분야의 구분 없이 '좋았다'라는 느낌으로 판단하는 경우도 있다. 이렇게 각자 받아들이는 방법과 판단하는 방식, 바라보는 시점 등의 경험을 토대로 자신만의 사고방식을 쌓아 가고 있다.
공부를 할 때도 '언어영역은 이런 방법으로 공부하는 게 좋았다', '그 자격증 시험은 이렇게 준비하는 것이 좋았다'라는 방법적인 깨달음이 있을 수 있고 '역시 공부할 때는 연락 다 끊고 집중하는 게 좋다!', '일을 병행하다 보니 시간이 잘 나지 않았다'라는 감각적인 깨달음이 있을 것이다. 이는 경험을 통해 자신에게 맞는 방법을 갖게 하고 비슷한 상황이 발생하면 이전 경험을 바탕으로 계획하고 실행하게 한다.

대부분 이론과 학습보다 경험과 체득이란 부분에 확신하고 자신만의 생각을 주장하게 된다. 그래서 겪어 보지 않은 이들에게 자신의 경험적 판단과 느낌을 확신하며 강하게 말하는 사람들을 주변에서 쉽게 찾을 수 있다. 이렇게 경험적 확신을 하고 이야기하는 것에 대해 우리는 얼마만큼 받아들일 수 있을까?

대학에서 많이 들었던 말은 "해외에 나가 보면 느껴지는 것이 많다!"였다. 관광이 아닌 학업이나 여행으로써 준비하고 실행하는 과정을 통해 무엇인가를 얻을 수 있다. 여권과 비자를 발급받으며 행정적인 절차를 경험하고 방문하고자 하는 나라의 언어와 문화에 대한 이해, 여행 경로에 대한 계획 등 직접 준비하는 것은 여러 방면으로 알지 못한 것에 대해 알게 한다.

그리고 그 여행은 다양한 세상을 보며 우리가 사는 현실과 공간이 전부는 아니니 일희일비(一喜一悲)하지 말라는 이야기 등 경험들의 느낌을 전하고자 했던 이야기 같다. 그러니 기회를 만들어서 꼭 해외에 나가 경험을 해 보라는 것이었다.

이 이야기를 하면 사람들의 반응은 대부분 세 가지로 나누어진다.

1. '아? 그렇구나!' 하고 자신이 몰랐던 것에 대한 관심, 도전의 의지가 생긴다.
2. '아~ 그런 게 있구나' 하고 자신의 인생과는 관계없는 딴 세상 이야기라고 여긴다.
3. '해외라고 해서 국내랑 뭐 다른가?' 하는 거부감을 가진다.

더 많은 생각과 반응들이 있겠지만 큰 분류에서 보면 수용, 무관심, 반감 정도로 나눌 수 있다.

이것은 충고나 가르침에 대해 전달하거나 받아들이는 부분과 밀접한 관계가 있다. 같은 시간에 같은 강연을 듣고도 받아들이는 것이 다르며 즐거움이나 배움의 차이도 다르다. 무엇이 의미 있고 없는 것인지에 대한 판단도 다르다.

그렇기에 전달하는 사람의 입장에서는 상대방의 받아들임까지 관여하려고 지나치게 이야기하는 것은 삼가야 한다. 받아들이는 부분이나 정도가 다르다 하여 이해력이 부족하거나 진심으로 듣고 있지 않는다는 오해를 만들지 않아야 한다.

우리가 가진 생각의 틀은 수많은 변수가 작용하여 만들어졌고 변해 가고 있기에 상대방이 가진 생각의 틀에 이해시킬 수 있는 한계가 분명함을 인정해야 한다. 그리고 상대방의 틀에 영향을 줄 수 있는 것은 상대방이 직접 깨달아 느끼는 방법밖에는 없음을 이해해야 한다.

반대로 듣는 사람 입장에서는 아무리 좋은 강연을 듣고, 좋은 경험을 한다고 하여도 '자기 생각이 옳다'라고 강하게 믿으면 어떠한 도움도 되지 않는다. 자신이 지키고 있던 신념도 시간이 흘러 퇴색되거나 시대에 맞지 않아 틀린 것이 될 수 있음을 알아야 한다. 그렇기에 절대적이라 생각하는 부분은 지식이나 진리 같은 사실관계로 좁히고, 상대적으로 생각하는 부분을 넓힘으로써 생각의 틀을 유연하게 적용할 수 있어야 한다.

해외를 경험하는 것 말고도 다양한 경험들이 존재할 것이다. 우리가 쉽게 접할 수 있는 경험담은 후기의 형태가 많아지고 있다. 전자제품이나 화장품을 사용한 후기, 여행이나 특정 축제에 대한 후기, 영화와 책에 대한 후기 등 블로그나 SNS로 퍼지는 후기들은 사실과 정보에 대한 내용과 글쓴이의 느낌이 포함되어 있다.

글쓴이의 생각의 틀은 글에서 나타나는 경우도 있지만, 대부분은 나타나지 않는다. 그러므로 본인이 경험하게 될 여행, 식당, 영화 등에 다른 사람의 평가와 느낌을 듣는 것은 자신의 생각에 영향을 줄 수 있으므로 조심스럽게 받아들여야 한다.

영화나 책의 평점과 평론을 보고 결정하는 행위가 대표적인 예일 것이다. 어떤 사람은 '재미있다, 감동적이다'라고 말하지만 어떤 사람은 '뻔하고 새롭지 못하다'라고 말한다. 또 어떤 사람은 많은 것을 배우고 느꼈다고 하지만 어떤 이는 '그저 그렇다'라는 느낌만을 받을 수 있다.

혹시 나에게 재미있고 감동적이며 배울 것이 많음에도 불구하고 다른 사람의 감정과 평점 때문에 원래의 가치를 못 느끼게 되는 것은 아닐까? 반대로 다른 사람의 좋은 이야기들로 기대치가 높아져 그 기대치를 채우지 못하여 실망하는 것은 아닐까?

그래서 다양한 경험은 본인이 직접 느끼는 것이 중요한 것이다. 단 자신의 몇 안 되는 경험에 100% 의존하고 신뢰하는 것은 경계해야 한다. 누군가에게 내 느낌이나 생각을 전하는 것이 상대방에게 좋은 기회가 될 수 있는 것 또한 놓치게 만들 수 있기 때문이다.

받아들이는 입장에서는 상대방이 건네는 충고와 조언이 '무엇을 의미하는지', '무엇을 말하고자 하는지'에 대해 생각하며 듣고 받아들여야 한다. 자신이 인정하지 않는 사람이라고 하여 그 사람의 모든 말이나 행동이 잘못된 것은 아닐 것이다. 반대로 자신이 존경하는 사람일지라도 그 사람의 모든 말과 행동이 항상 옳은 것은 아닐 테니 말이다.

내가 알지 못하는 것에 대한, 내가 생각해 보지 않았던 것에 대한 거부감은 늘 존재한다. 그리고 직접 경험하지 않은 것에 대한 궁금증을 해소하기 위해 타인의 경험을 보거나 듣는 것으로 간접적으로 경험하고자 한다. 그렇기에 다른 누군가의 생각이 새로운 분야에 '도전'하지 못하게 걸림돌이 되는 것은 아닌지, 반대로 누군가의 생각과 느낌이 기대감이나 거부감을 만들어 놓은 것은 아닌지 생각해 보아야 한다.

❷
[생각의 틀]
일관성

    자기 생각을 지키는 것이 '일관성 있는 사람'이라고 믿는 사람이 있다. 그런 사람은 일관성이 무너지는 것에 대한 두려움이 있다. 그래서 문제를 해결하는 데 좋은 방법이 있는 것을 알지만 받아들이기 힘들어하거나 싫어하는 경우도 많다.

    일관성을 지키는 것에 대해 좋다, 나쁘다를 판단하기보다 일관성을 지켜야 하는 부분과 일관성을 적용하지 않아도 되는 부분이 존재한다는 것을 인식해야 한다.

    가족, 친구, 직장 관계 내에서도 상대방의 이야기나 생각에 대해 무조건 거부감을 느끼거나 '그 사람 의견이 맞을 수 있음을 인정하지만 내 생각은 이러하다'라는 생각의 틀이 고집 또는 아집을 만들어 상대방과 충돌할 때가 있다.

    충돌로 인해 상처가 남기도 하고 깨닫는 것도 있겠지만, 이전에 겪었던 문제가 비슷하게 다시 발생하였을 때도 일관성을 이유로 똑같이 상처로 남는 결과만 받는 것은 아닌지 생각해 보자.

자신이 아니라 믿었던 것도 어떤 사건 또는 계기로 새롭게 생각할 수 있게 되는 경우도 있다. '그것은 나에게 필요 없다'는 생각 또한 경험, 학습으로 생각의 틀은 늘 변할 수 있다. 하지만 자신의 일관성을 자존심에 대입시켜 생각하는 것이나 '다른 사람 말에 흔들리지 않겠다'라는 잘못된 방향 설정으로 생각의 틀을 넓히지 못하고 있는 것은 아닌지 돌아봐야 한다.

경험이 있음에도 불구하고 인식하고 인정하는 것이 어렵다면 자신의 생각의 틀을 열어 놓아야 하는 분야, 지켜야 하는 분야가 있는지 생각해야 한다.

이전의 실수, 누군가와의 마찰 등 후회로 인한 스트레스를 받지 않기 위해 일관성 없이 편한 대로 생각하고, 자기합리화해야 유연하게 대처할 수 있다. 일관성을 지킨다는 이유로 똑같은 판단과 결정을 한다면 똑같은 스트레스를 받을 확률이 높기 때문이다.

일관성에 대한 개념을 상위 개념으로 바꾸어 적용할 수 있다. 다른 사람의 의견을 수용하는 것이 부족하다고 느낀다면 '다른 사람의 좋은 조언과 충고를 받아들이는 유연한 사람'을 자신의 일관성으로 생각해 보는 것은 어떨까? 억지스럽지만 이것을 크게 확장해 본다면 '누군가와의 마찰을 피하고, 내가 경험하지 못하거나 알지 못하는 것에 있어 유연하게 받아들이는 자세로 살겠다'라는 일관성하에 받아들일 수 있게 한다.

지금의 일관성만을 고집하지 않는다면 받아들이고 싶지 않던 부분에 대해 거부감으로 '무조건 싫다'로 일관하는 일도 줄일 수 있다. 이렇듯 자신의 생각의 틀에서 일관성을 어떻게 정해 놓느냐에 따라 달리할 수 있다.

반대로 다른 사람의 생각에 '난 관대하다', '상대방의 의견을 존중한다'라는 일관성을 잘못 적용할 때가 많다. 실제로는 그렇지 않은데 '관대하고 상대를 존중하는 모습'에 집착하여 자신의 의견은 꺼내지도 못한 채 답답해하며 힘들어하는 경우도 있다. 이것은 집중해야 하는 것의 주체를 잘못 파악하여 생기는 문제일 수 있기 때문이다.

지금까지의 경험들을 살펴보거나 다른 사람과의 대화 중 알게 된 고집이 있다면 그것이 소신과 가치관, 신념 등을 가진 주체적인 일관성이 있는지 살펴봐야 한다. 또한 일관된 이미지를 지키기 위해 잘못된 일관성을 적용하고 있는 것은 아닌지 살펴보아야 한다. 그리고 지금까지의 일관성으로 생각의 틀이 형성되어 온 것을 인정하고, 변화된 일관성을 적용하여 조금씩 생각의 틀도 변화시켜 가면 된다.

❸
[생각의 틀]
종교적 신앙

나는 종교 생활을 하지 않는다. 그리고 특정 정당을 지지하는 정당 활동도 하지 않는다. 그렇기에 종교와 정치에 관해서 쓰는 것이 '옳지 않다'라고 판단했다. 특정 종교와 정당을 지지하는 것은 내 글의 색이 그들을 옹호하거나 비판하는 것으로 갈리는 것 같기 때문이다.

그럼에도 불구하고 종교적 신앙에 관해 이야기하고 싶은 것은 '믿는 것에 당연함을 두는 것'과 '그렇지 않은 사람들의 거부감'에 대해 서로를 이해하고자 하는 나의 경험적 생각의 틀에 의해서다.

종교적 신앙을 중심으로 살아온 사람은 자신이 믿는 신의 존재에 대해 확신을 하고, 오랜 시간 동안 종교적 관점에서 생각의 틀이 강하게 자리 잡혀 왔을 것이다. 믿는 정도에 따라 생각의 틀에 주는 영향은 차이가 있다. 그래서 스스로 선택한 종교라면 자신의 의지를 바탕으로 이루어진 믿음이라 확신이 더 크다.

종교에 대해 깊이 있게 접할 기회가 없었던 사람이나 관심이 없는 사람은 말 그대로 관심이 없다. 종교를 가진 사람들은 이것을 두고 경험해 보지 못했기 때문에 알지 못하는 것으로 생각한다. 조금 더 심하게 말하는 사람은 무지(無知)하여 신을 믿지 못하는 것으로 생각한다.

그렇기에 종교뿐만 아니라 경험을 하지 않은 것에 대해 모르는 것이 있다면 그것을 알려 주는 것이 알지 못하는 상대방을 위한 일일 수 있다.

상대방을 위해 좋은 것을 알려 주고 싶은 진심이 생긴 것이라면 상대방의 생각의 틀에 대해 인정하며 시작해야 한다. 좋은 것을 나눈다는 명목하에 상대방이 쌓아 온 생각의 틀은 무지에서 비롯되었다고 한다면 좋은 결과를 가져올 수 없기 때문이다.

누구의 삶이나 경험이 더 가치 있고, 더 좋고, 더 성숙하고, 더 고급이라 말할 수 없다. 자신의 경험은 자신이 겪었으며 좋은 기억으로 남았기에 좋은 경험일 수 있지만, 상대방은 그렇지 않을 수 있다. 개인적 성향과 행동들에 대해 종교적 인식을 바탕으로 상대방을 판단한다는 것은 또 다른 편견을 가진 것과 같은 말일 수 있다.

누군가 힘든 시간을 보내고 있을 때 "신앙생활로 극복할 수 있다!"라고 말하는 사람이 있다. 믿음의 존재가 누구인지를 분명하게 짚어 주는 사람도 있고, 종교의 종류와 관계없이 살아가다 보면 분명 신앙생활 이전의 모습보다는 훨씬 좋을 것이라 말한다.

이런 이야기를 듣고 본인이 겪어 보지 못한 분야를 진지하게 생각하면 '정말 내가 알지 못하는 부분이 있지 않을까?'라는 의문을 품게 되는 경우도 있다. 신앙생활을 추천하는 사람은 신앙생활을 하지 않는 사람이 알지 못하는 생각의 틀로 세상을 바라보고 있는 것일 수 있다. 신앙생활을 통하여 세상을 바라보는 편짐이 바끼고 지금과는 다른 마음을 갖고 살아가게 될 가능성을 생각해 보아야 한다.

'가능성을 열어 놓는다'는 생각의 틀의 한 부분에 내가 알지 못하는 것을 받아들일 수 있는 상태가 되었다고 말할 수 있다. 내가 가지고 있던 의문을 경계심 없이 종교라는 '고유한 것' 자체에 대한 것을 인정하면서 시작할 수 있다. 자신의 발전을 위해 책을 읽으며, 운동하고, 경험하는 것이 최고라고 생각했던 고정적인 생각의 틀에서 벗어나기 위해 생각해 볼 수 있다.

나는 큰 교회에서 운영하는 사립 유치원을 다녔다. 하지만 교회에 다닌다는 사람을 만나면 왠지 그 사람이 이상하게 보였다. 거부감도 들었으며 나와는 다른 세상에 사는 것처럼 보였다. 어디서부터 시작된 것인지 알 수 없지만, 그 거부감은 두려움을 만들었다. 그래서 교회를 다닌다는 사람은 나와 다른 사람이라는 편견을 갖게 되었다. 그리고 "같이 교회 다니자"라는 말을 들으면 그 순간부터 나는 그 사람을 피해 다니고 연락조차 하지 않았다.

이런 내 생각의 틀만 가지고 살았다면 교회나 성당을 다니는 사람들은 내 주변에 없었을 것이다. 그래서 이 틀을 깨고자 교회라는 것이 무엇이며 종교라는 것이 어떤 의미인지에 대해 교회를 다니는 사람을 보는 것이 아닌 신앙이란 '고유한 것' 자체를 놓고 생각해 보았다.

물론 지금도 신앙생활을 하고 있지 않지만, 상대방이 특정 신앙을 가진 것을 다시 생각하고자 하는 노력과 마음이 없었다면 나 스스로가 인간관계를 좁게 만들었을 것이다. 종교에 대한 편견이 있는 나의 생각의 틀에서 벗어나고자 하는 노력이 없었다면 종교적 신앙을 바탕으로 한 생각의 틀을 가진 사람들과 인간관계를 유지할 수 없었을 것이다.

모태 신앙을 가진 사람도 많다. 부모의 종교적 신앙이 이어져 자연스럽게 받아들이게 된 신앙이다. 자신의 생각의 틀을 형성해 가며 중요시하는 가치가 바뀌는 경우도 종종 있지만 대부분 기본 바탕에는 종교적인 요소가 많다.

그렇다면 모태 신앙을 가진 사람들은 신앙을 갖지 않은 사람들에 대해 어느 정도까지 이해할 수 있을까? 종교적 신앙이 없는 삶을 살아 보지 않은 사람이라 종교에 대해 거부감을 느끼고 있을 수 있다는 것을 얼마큼 이해해 줄 수 있을까? 이 또한 종교적 신앙이 없는 삶을 살아 본 경험이 없는 상태이기에 무엇이 좋다, 나쁘다를 판단할 수 있는 것일까?

종교적인 입장이 강한 사람들은 이 글에 대해 부정할 수 있다. 그리고 종교를 갖고 있지 않은 사람은 거부감부터 가질 수 있다. 무엇이 더 좋은지에 대한 주관적 판단이 앞세워지는 것이기에 당연하다. 그렇지만 상대방의 의견과 생각의 틀의 가치란 것이 단지 종교의 유무와 종류를 통해 결정되는 것이 아니란 것을 염두에 두어야 한다.

종교를 가진 것과 갖지 않은 것에 따라, 어떤 종교를 가졌는지에 따라 상대방을 다르게 보는 것은 누군가를 판단하는 기준에 종교적 가치를 중심으로 생각의 틀이 반응하기 때문이다.

그럼 종교가 아닌 경험에 대한 부분은 어떨까? 겪어 보지 않은 누군가에게 겪어 보라고 권할 때도 자신이 느낀 가치를 중심으로 생각의 틀이 강하게 작용하여 상대방에게 이야기할 것이다. 그 경험이 주는 가치는 자신의 생각의 틀에 부정적 요소와 결핍된 부분을 채워 줌으로써 좋은 것이다. 하지만 받아들이는 상대방의 생각의 틀에 똑같은 부정적 요소와 결핍이 없거나, 있다고 한들 전체적인 부분에서 미미하게 자리하고 있다면 자신이 느꼈던 좋은 감성과 깨달음만큼 느낄 수 없다. 그렇기에 확신을 이야기하기보다 가능성에 관해 이야기하는 것이 상대방을 위하는 일이다.

누군가에게 본인이 느꼈던 벅찬 감동이나 희열을 똑같이 전달하는 것은 불가능하다. 그렇기에 본인이 믿고 있는 경험에 대한 가치에 대해 누군가에게 '왜 똑같이 느끼지 못하는지' 또는 '왜 똑같은 방식으로 생각하지 못하는지'에 대해 의문을 품기보다 '어떻게 하면 비슷한 느낌이 들 수 있는지' 또는 '어떻게 설명해야 비슷한 방식으로 생각할 수 있는지'에 집중한다면 좀 더 효율적인 전달이 될 수 있지 않을까?

❹
[생각의 틀]
좋아하는 것의 의미

'N포세대'라 불리는 요즘 젊은이들은 YOLO(You Only Live Once)를 외치며 각자 좋아하는 분야를 찾아 즐기는 삶을 추구한다. 하지만 노동 이외의 일을 찾아 즐기는 것을 어려워하는 이들은 자신이 무엇을 좋아하는지, 무엇에 관심이 있고 무엇을 하고 싶은지에 대해 고민한다.

나 또한 휴일을 기다리는 것이 '단지 쉬는 것'이었다. 등교 또는 출근을 하지 않는 것만으로도 좋았다. 그 흔한 취미 생활도 없었고, 좋아하는 연예인이나 운동 등 어느 하나 집중하고 좋아하는 것이 없었다. 그런 모습이 점점 이상해 보이기 시작했다.

'내가 진짜 좋아하는 것은 없는 것일까?'

많은 사람에게 조언을 구해 본 결과 "그냥 이것저것 하다 보면 좋아하는 걸 알게 될 거야"라는 뻔한 충고의 메시지만 남았다. 자신이 좋아하는 것은 자신이 가장 잘 알 수 있기 때문이다. 어떤 일을 할 때 즐겁고, 시간 가는 줄도 모르고, 집중할 수 있는 것인지는 자신의 경험 속에 있는 것이다.

내가 좋아하는 것이 분명 존재할 것이며 그것은 내가 아무리 피곤하고 힘들어도 날 움직이게 할 것이라는 생각의 틀이 강하게 작용하였다. 나는 다양한 방법을 동원하였다. 가능한 많은 경험을 하는 것이 중요하다고 생각했다.

우선 만화와 애니메이션, 드라마, 영화 등을 보았다. 조용히 앉아 무엇인가를 감상하는 것에 흥미가 있는지를 알기 위해서였다. 전하고자 하는 의미와 뜻하는 메시지를 이해하는 것에 흥미를 느꼈지만 오랜 시간 앉아 있거나 누워 있는 것이 무기력해 보였다. 후회하는 마음이 생기는 것을 보니 나에게 맞는 것이 아니라고 생각하였다.

그다음은 혼자 등산을 시작하였다. 나에게 산이란 '올라갔다 내려와야 하는 무의미한 존재'였다. 그런 내가 산을 오르면서 나 자신과 싸움, 혼자 생각할 수 있는 시간을 갖는 것 등 다양한 이점을 느꼈지만 몇 주 되지 않아 가고 싶은 마음보다 거부감이 들기 시작하였다. 이것도 나에게 맞지 않는 것 같았다.

이번에는 자전거를 타기 시작하였다. 주행을 즐기며 요즘 많이 조성된 자전거 도로를 달리는 것은 기분 전환하기에 참 좋았다. 하지만 엉덩이의 통증과 하체의 당김을 나의 체력으로 이겨내지 못하고 지쳤다. 이 외에도 퍼즐, 여행, 카메라, 십자수, 독서, 악기 등 좋아하는 것이 무엇인지를 알기 위해 노력해 보았다. 그래도 찾지 못했다. 결국, 내가 좋아하는 일은 무엇인가 결과가 남아 있어야 하는 생산적인 일이라는 것을 깨달았다.

물론 생산적인 일을 하고 있지 않다고 하여 삶이 무의미하게 흘러가는 것은 아니다. 또한, 좋아하는 일이 없다고 하여 무엇인가에 열정을 품을 수 없는 것도 아니다. 단지 지금 상황이 만족스럽게 흘러가지 못하거나 조금 더 다채로운 삶을 원한다면 지금까지의 생각을 과감하게 버린 후 다시 생각해 볼 필요가 있다. 무엇을 '주'로 생각하였는지, 그것이 '주'로서 적당한지를 말이다.

내가 좋아하는 것을 '찾는 것'에 열중하여 본연의 가치를 느끼지 못하고 깊게 빠져들지 못한 것은 아닐까. 어쩌면 좋아하는 무엇인가를 찾아야 한다고 접근하였기 때문에 자연스러운 열정과 흥미를 갖는 것이 아니라 이것이 내가 좋아하는 것이 맞는지 아닌지를 판단하기 위해 그 일을 했던 것이 문제는 아니었는지 생각하였다.

나는 '무엇인가를 찾아야 한다'라는 생각을 접어 두고 지금까지 내가 많은 시간을 보내왔던 일은 무엇이었는지, 그것에 '생산적인 결과'를 덧붙여 즐길 수 있는 것은 없는지에 대해 돌아보았다.

영화와 드라마를 보며 내가 느낀 감정을 정리한 감상평을 만들었다. 산을 오르며 방문했던 산에 대한 기록을 남겼다. 자전거 도로를 달리며 주행했던 구간들을 지도에 표시했다. 퍼즐을 완성하여 사진으로 남기고, 카메라는 조작법에 대해 정리해 보고 십자수는 쿠션으로 만들어 남겨 놓았다. 이렇게 내가 한 행동을 기록으로 남기는 것이 하나둘씩 쌓여 가며 흥미를 느꼈고, 생소했던 경험이나 느낌들을 정리하는 즐거움을 찾았다.

주변에서 들리는 불평들도 다른 관점을 갖고 바라보는 것이 좋았다. 그 불평들에 대해 "그것을 꼭 당신이 끌어안아야 할 필요는 없습니다", "그 불평에서 벗어나기 위해서 생각해야 할 것이나, 행동해야 할 것은 무엇일까요?"라고 말해 주었다. 나는 깨어 있는 삶에 대해 늘 고민했다. 그리고 평범한 사건 속에서 느낀 깨달음을 누군가에게 이야기해 주는 것이 좋았다. 그래서 생각의 틀이란 주제로 알리고 싶었다.

피드백으로 받은 내용을 보며 나와 다른 관점을 듣고 또 다른 관점은 없는 것인지 궁금하였다. 한 가지 주제에도 다양하게 바라볼 수 있음을 즐거워하게 되었다. 지금은 글을 쓰는 것이 즐겁고 결과로 책이라는 생산적인 결과를 가질 수 있어 더 행복하다.

지금도 원하고 좋아하는 것을 찾기 위한 생각의 틀 안에 빠져 있었다면 경험적인 것에만 집중하여 시간을 소비하고 있었을 것이다. 그랬다면 아마 책을 쓰는 즐거움이나 사람들과 의견을 주고받으며 생각의 영역을 넓혀 가는 즐거움 등 지금의 행복을 느끼지 못하고 있었을 것이다.

누군가 '좋아하는 것 찾기'에 대한 고민을 한다면 아직 경험하지 못한 것이란 생각을 버리라고 말하고 싶다. 좋아하는 것은 특별한 활동이나 비용과 시간을 투자하지 않고도 발견할 수 있을지 모른다. 그리고 자신의 삶에 그런 것이 없다는 것에 슬퍼할 것이 아니라, 이미 삶 속에 녹아 있는 것을 끄집어내 특별하게 만들 수 있다는 생각의 틀로 전환의 기회를 가져 보는 것은 어떨까?

이것도 저것도 아니라면, 특정 분야를 집착하지 않는 즐거운 사람은 아닐까? 고민 없이 가만히 있는 것이 즐거운 사람도 있다. 단지 그것이 게으름에서 발전한 것이 아니라면 그 또한 좋아하는 것으로 생각해도 되는 것은 아닐까?

⑤ [생각의 틀] 한계를 정해놓은 만남

초등학교·중학교·고등학교 때와 같이 경쟁하고 있지만 순수(?)하고 솔직(?)하게 이해관계가 개입되지 않은 상태에서 만난 친구가 진짜 친구라는 이야기를 많이 한다. 그래서 성인이 되고 시간이 흘러 사는 모습은 제각각이지만, 만나게 되면 그 시절로 돌아간 듯 편안함을 느낀다.

사회생활을 시작하며 가족보다 더 많은 시간을 보내고, 친구들보다 더 많은 시간을 보내고 있는 직장 동료, 선후배, 상사들은 얼마나 친해질 수 있을까?

인간적으로 다가오는 것이 느껴지는 사람이 있고, 나를 이용(?) 또는 활용하여 자신의 업무를 편하게 하고자 하는 사람으로 느껴지는 경우도 있다. 이런 사소하고 미묘한 느낌과 감정은 진심을 갈구하던 사람에게 상처를 남긴다.

그것은 처음부터 사회적인 관계에서 친구 같은 유대관계를 기대했던 생각의 틀이 만들어 낸 실망일 것이다. 단지, 직장이란 곳을 서로가 회사의 이익을 위해 일하고 돈을 벌기 위한 곳, 자신이 하고 싶어 하는 일을 하며 만족하는 것으로 생각했다면 이러한 고민과 스트레스 또한 없을 것이다.

또, 회사를 그만두면 연락하지 않고 잊히는 사람들이라 생각했다면 누군가에게 정성을 다하고픈 마음을 가질 이유도 없고, 또 다른 누군가에게 관심과 배려를 기울였다가 실망하는 일도 없을 것이다.

이렇게 인간적인 부분을 털어내면 직장에서 누군가를 만나는 것이 피상적으로 되고 의미를 두지 않게 된다. 그렇게 일정한 거리를 유지하는 것이 상대방의 사생활에 대한 불필요한 관심을 줄이는 길이다. 다른 누군가의 평가와 표정 하나에 신경 쓰는 일 또한 줄어든다. 이를 경험으로 알게 된 후에는 상대방의 진심에도 무심해지고, 누군가로 인한 피해를 받고 싶지 않은 마음이 상대와의 한계를 정해 놓는다.

자신도 모르게 정해 놓은 만남의 한계로 인해 함께하는 것들이 의미 없고 재미없어지기 시작하며 오직 '나'만을 생각하는 이기주의가 되기도 한다. 그렇게 시작한 이기주의는 '더는 관심 두지 맙시다!' 하며 상대방에게도 전해진다.

그렇다면 이런 선 긋기가 좋은 인연이 될 기회와 재미있는 사회생활을 막는 것은 아닐까? 그래도 인간적으로 대했던 누군가와는 회사의 선후배를 떠나 형, 동생으로도 만날 수 있는 경우가 있지 않을까?

나는 '이름이 같다'라는 이유로 친근함을 먼저 표현했고, 살아온 이야기들을 나누며 친하게 지내는 동생이 있다. 가끔은 서로에게 조언을 구하기도 하고 이런저런 이야기를 나누며 보내는 것이 즐겁다. 서로 진심으로 대하다 보니 같이 회사에 다닌 6개월보다 퇴사 후 연락하고 지낸 시간이 6년이 될 만큼 가까운 사이가 되었다.

직장뿐만 아니라 자연스레 만나게 되는 누군가는 늘 있다. 그 누군가와의 관계가 억지로 잇는다고 하여 이어지는 것도 아니고, 잇지 않는다고 하여 끊어지는 것도 아니라는 인연론적 사고가 완연하다. 그중 소중히 이어 갈 수 있는 인연이 있을 수 있고, 잠시 만나다 끊어지는 인연이 있을 수 있다.

어떻게 될지 모르는 상황임에도 자신이 가진 생각의 틀이 인연의 결과를 지레짐작하고, 한계를 정해 놓고 대한다면 결과는 늘 끊어지는 방향으로만 향해 있지 않을까. 지레짐작하지 않아도 인연이라면 관계가 이어질 것으로 생각하고 모든 것이 하늘의 뜻이라 생각하는 것은 인간관계에 무기력을 주고 모든 것이 부질없어질 것이다.

이전의 경험들로 인간관계의 한계를 정해 놓는 것이 좋다고 생각된다면 생각의 틀이 한쪽으로 고정되어 다른 가능성을 열지 못하게 한다. 어쩌면 이전의 경험들이 잘못 받아들여진 경우거나 예외적인 상황이었던 것일 수 있다는 가능성을 열어 놓는 것이 중요하다.

반대로 조금 더 생각해 보면 적대적인 관계이거나 중요하지 않은 관계라고 한계를 정해 놓은 상태라면 그 상태가 좋아지거나 개선될 여지조차 없다. 개선의 필요성조차 느끼지 못하거나 무시하고 싶다고 느끼는 것 또한 관계의 한계를 정해 놓는 생각의 틀에서 발생한 것은 아닐까? 그것은 상대방과 좋은 관계로 이어 나갈 기회를 놓치게 하고, 유연한 상태로 관계를 만들 수 있는 것도 막고 있을 수 있다.

누군가에게 진심으로 대한다는 것이 '무엇'을 위한 목적이 있을 수 있고 추구하는 상태에 대한 갈망이 있을 수 있다. 그것이 이루어지지 않는다고 하여 상대방을 비난하고 원망할 수 없다. 하지만 상대방이 맞추어 주지 않는 것에 대한 생각보다 자신이 가진 생각의 틀을 조절하여 관계의 정도를 맞춘다면, 상대방에 따라 대처할 수 있고 최소한 그로 인해 발생하는 스트레스는 줄일 수 있음을 명심해야 한다.

주변에 외로운 남녀가 있다면, 서로를 연결해 주고, 잘되길 바랐다.
누군가의 도움 없이 새로운 사람을 만나는 것이 어렵다는 것을 알기 때문이다.
그렇게 연결된 사람 중에 결혼한 사람도 있고, 그냥 그렇게 끝난 사람도 있다.
잘되어도 본전, 잘되지 않아도 나에게 큰 해가 되지는 않았다.

그렇게 소개를 주도하던 내가 바보 같았다.

나의 좋은 사람이란 기준은 소개받는 사람의 기준에 좋은 사람이 아닐 수 있다.
나에게 보이는 장점들은 소개받는 사람에게 보이지 않을 수 있다.
나에게 잘하는 사람이 소개받는 사람에게 잘하는 것이 아닐 수 있다.
내가 누군가를 소개하는 기준이 모두 내 기준의 관점이었다.

나에게 별로인 사람이 다른 누군가에게 없어서는 안 될 중요한 존재가 되기도 한다.
나에게 부족해 보이는 면이 많았던 사람은 누군가를 가득 채우고도 남을
존재감을 갖기도 한다.
나에게는 단점으로 생각되는 기준이 누군가에게는 찰떡궁합인 양 잘 들어맞는다.

그렇게 내 마음의 기준이 다른 사람의 기준과 같을 거라는 착각한 사람.
내가 좋으면 다른 사람도 좋을 것이라고 믿었던 사람.
내 기준에서 좋고 나쁨을 구별했던 사람.

그게 나였다.

— 《시답지 않은 이야기》 그게 나였다 中

맺음말

맺음말

'무슨 말을 하고 싶었던 것일까?'

초고를 작성한 후 시간이 지나 교정을 하다 보니 전하고자 하는 이야기가 변하였다. 몇 달이 걸려 교정을 하고, 교정한 내용을 다시 교정하고, 일부를 추가하거나 삭제하는 일을 2년이 넘는 시간 동안 하였다. 온전히 글쓰기에 집중할 수 없어서였을까….

글의 내용을 보니 억지가 느껴지는 부분도 있고 굳이 짚어내지 않아도 되는 내용도 보였다. 나 스스로 작아졌으며 두려웠다. 그러나 내 생각을 실천하기 위한 노력으로 비난받을 두려움을 걷어내고 나의 꿈을 위해 책으로 내 생각을 남겼다.

누군가는 '너무 디테일함에 집착한다'라고 말해 주었고, 누군가는 '생뚱맞은 예'에 대해 지적해 주었다. 다른 누군가는 글쓰기 자체에 대해 평가하였고, 다른 누군가는 생각을 실천하는지에 대해 평가하였다. 이렇게 우여곡절 끝에 마무리를 지었지만 아쉬움이 많이 남는다.

나에게 생각할 시간과 깨달음의 기회를 준 분들께 이 맺음말을 통해 감사함을 전하고 싶다. 나는 크고 작은 갈등에서 얻은 생각으로 이 글을 쓸 수 있었다. 그러한 갈등이나 시련이 없었다면 이러한 행복도 느끼지 못했을 것이다.

나는 같은 질문을 받아도 매번 다른 답을 할 것이다. 그것은 나의 생각의 틀이 늘 변하고 있기 때문이다. 단지 그 변화가 늙거나 혹은 낡아지지 않길 바라며 오늘도 새로울 것이라 믿는다.

잠시나마 이 책을 통해 생각을 전환하는 방법, 자신에 대한 인식, 주변 관계 등을 생각해 보며 좋은 시간을 보냈을 것이라 믿는다.

2018년 어느 날
박현진